千年邢窑

Xing kiln in its Millennium

赵庆钢　张志忠　主编

文物出版社

Cultural Relics Press

類銀類雪

瑩澤如玉

盛唐風韻

國泰珍奇

耿寶昌題

中国古陶瓷学会会长、国家文物鉴定委员会副主任委员、故宫博物院研究员耿宝昌先生题词

目 录
Contents

邢 窑 综 述

The Summarization of Xing Kiln

张志忠

邢窑是我国古代生产白瓷最早的窑场之一。它始烧于北朝晚期,经过隋朝的飞速发展,到唐朝已达到了鼎盛阶段,成为我国早期白瓷的生产中心。唐代邢窑白瓷造型独特,产品精美,产销量巨大,无论是对我国的物质文明还是对世界文化的贡献都产生了极其深远的影响。邢窑白瓷的烧制成功,结束了自商周以来青瓷一统天下的局面,形成了我国陶瓷史上"南青北白"争奇斗妍的两大体系。邢窑的烧造历史从北齐、隋代、唐代至五代、宋、金、元,代代传承,源远流长。邢窑的范围跨州连郡,是一个庞大的窑区,包括内

2006 年 9 月 5 日耿宝昌先生一行考察邢窑遗址

丘、临城、邢台的窑址均为邢窑不可分割的组成部分。遗址主要位于河北省内丘、临城、邢台三县和邢台市区境内的太行山东麓丘陵和平原交接地带,分布于京广铁路以西的泜河、李阳河流域,集中在临城县西双井以南、邢台县西坚固以北长约 60 公里、宽约 30 公里的狭长地带内。

一 遗址的发现

长期以来,对邢窑窑址的调查、保护、发掘和研究经历了一个漫长而又曲折的过程。20 世纪 70 年代以前,古陶瓷研究专家陈万里、傅振伦、冯先铭、叶喆民、杨文山等学者根据文献记载,先后对邢台、内丘、临城以及沙河县进行了调查,均未能发现唐代白瓷窑址。1980 年初,临城县二轻局为恢复邢瓷生产成立了"邢瓷研制小组",在河北师范大学杨文山老师的指导下,在全县展开调查,终于在县城以北的祁村发现了唐代窑址,捡到了"类雪"、"类银"的细白瓷片。1981 年 4 月 25 至 28 日,由国内著名古陶瓷研究专家和各大新闻媒体参加的"邢窑与邢瓷艺术鉴赏会"在临城县召开,与会专家一致认为,临城所发现的窑址就是著名的邢窑或至少是

其中一部分。会后，国内外媒体进行了报道，专家学者也纷纷发表文章，这一发现标志着邢窑的研究进入了一个崭新时期。

临城窑址的发现使考古界对邢窑开始关注。1981年5月8日，时任河北省文物研究所副所长的郑绍综赶赴临城，提出文物部门要对遗址进行保护，以便将来发掘。1982年7月23日，临城邢窑遗址被河北省政府公布为省级重点文物保护单位，对邢窑的研究和保护也开始走向正轨。1982年至1984年，内丘县文化馆在内丘县境内也查出了20余处邢窑遗址，国内外媒体又进行了报道。1985年夏，内丘县原县委礼堂和商贸街施工时发现八个堆积坑，尤为重要的是第一次成批出土了"盈"字款白瓷标本，至此，困扰陶瓷考古界多年的"邢窑之谜"得以正式揭开。

1988年，以河北省文物研究所为主组成的"邢窑考古队"对内丘、临城两县境内的古瓷窑址进行了复查，到1991年底，共调查核实邢窑遗址20余处（包括1988年河北省文物局泜河流域考古队发现的临城县代家庄遗址和1989年邢台市文物管理处发现的邢台县西坚固窑址）。

1988年至1992年，邢窑考古队在调查的基础上试掘了内丘县城关和临城县祁村、山下三处窑址。试掘面积385平方米，出土灰坑52座，窑炉6座，器物标本上万件，时代涵盖了隋、唐、五代、金四个朝代。这次试掘为邢窑的粗略分期断代及对邢窑不同时期遗迹遗物的认识、了解提供了可能。而内丘县西关北窑址发掘出土的隋代透影白瓷，是本次试掘的最大收获，填补了我国陶瓷史上的一项空白。

1997年6月，在邢台市桥东区顺德路第一医院北侧建筑施工中发现了隋末唐初的窑址。经邢台市文物管理处抢救发掘，出土了大量瓷器标本和窑具，遗物主要为粗白瓷和黑釉瓷，器型有：深腹碗、杯、瓶、盂、钵、罐、盅等，与内丘县西关北、中丰洞和临城县陈刘庄窑址出土的标本基本一致。此外，这里还出土了许多黑釉瓷瓦等建筑构件，为研究隋唐时期的建筑艺术提供了重要资料。

2003年7月，原内丘县委礼堂、电影院一带在改建步行街时发现了窑址群，河北省文物研究所对这处遗址进行了抢救性发掘，出土了大量"盈"字款和"翰林"款白瓷及刻印花瓷、唐三彩等，并且还首次出土了"官"字款白瓷残片。这次发掘的面积和出土的遗物数量在邢窑考古史上都是空前的，特别是"官"字款白瓷的发现为我国唐代遗址或墓葬中出土的"官"字款白瓷的归属研究提供了新的物证。

临城县祁村遗址邢窑窑炉发掘现场

文物考古及文物部门的多次调查和三次发掘，使我们对邢窑的历史渊源和分布范围有了一个更深的了解，解决了许多历史疑点，为邢窑研究工作的开展提供了新的实物资料。

二 窑址概况

邢窑遗址主要分布在内丘、临城和邢台县境内的太行山东麓的山前丘陵、平原地带，大部分集中在京广铁路以西的李阳河、泜河两岸。这里地势西高东低，河流纵横，到处是冲沟埝垅。在这一带的竹壁、祁村、澄底、南程村、贾村、邵明、磁窑沟、永固等地蕴藏着大量的粘土、铝矾土、硬质耐火土和半软质粘土。在内丘、临城和邢台县的西部山区还有石英、长石矿物广泛存在。这些充足的制

临城县岗头村邢窑遗址

瓷原料，为邢窑的烧制奠定了基础。在北起临城西双井，南到邢台县西坚固，约60多公里长、近30公里宽的范围内，分布着不同时期的瓷窑遗址26处。现分述如下：

1、西双井遗址

位于临城县治西北8公里的西双井村东的一块三角形台地上，东邻南北流向的自然河沟。遗址残存约1400平方米，地表所见遗物不多。在台地东断崖上暴露有一座残窑炉，火膛中存有大量柴灰并夹杂有瓷片。出土标本有碗、执壶、盒、钵、盏托、窑具等。时代为唐。

2、祁村遗址

位于临城县西北7.5公里处，其西部是白云山，东面为一高岗。祁村遗址可分为两处，一处主要分布在村东南，地表遗物散布面积约6万平方米。1981年，工业部门为恢复邢瓷生产曾在这里进行试掘，清理出残窑一座，出土了较多的粗细瓷器及窑具残件。1990至1992年，邢窑考古队在此又进行了考古发掘，出土了大量的白瓷器物标本和窑炉遗迹。另一处在村西和村北，这里也能见到散布广泛的瓷片和窑具，遗存分布面积约3万平方平。经勘探，村北一带尚有窑炉残迹。两处遗址的时代为唐、五代。

3、岗头遗址

位于临城县西北4公里处的岗头村北侧，南临泜北渠，岗头至祁村公路从中穿过。地表遗物较多，散布面积约6000平方米。1980年冯祁公路施工时曾挖出过两座馒头形残窑。出土标本有碗、执壶、瓶、盒、窑具等。

时代为晚唐、五代。

4、澄底遗址

位于临城县西北3公里处的澄底村东北侧，南郝公路从中穿过，据调查，在修公路时，曾挖出过一座窑炉，窑壁由耐火砖砌成。如今，在公路的南侧只残存一些已经扰乱的瓷片堆。时代约为五代、北宋。

5、射兽遗址

位于临城县西北1.5公里处。遗址分两部分：一部分在村北，一部分在村东南泜河北岸。村北部分破坏严重，堆积层厚0.6米，以烧制黑瓷为主；村东南部分约3万平方米，堆积层厚1~2米，遗物以白瓷为主，兼有黑瓷和三彩。出土标本有碗、盘、盏、钵、瓶、鸡腿瓶、杯、炉、三彩人物俑、窑具等。时代为北宋晚期至元代。

6、南程村遗址

位于临城县西南1.5公里的南程村北，遗物分布范围约9万平方米，堆积层厚0.6~1.5米，局部暴露由窑具和瓷片构成的堆积层达2米。遗物以白瓷为大宗，兼有黑瓷、酱瓷、褐瓷等，并有款识和题字作品。装饰方法为铁锈花、梅花点及刻花图案等，窑具主要有桶状匣钵、支圈、窑戗。时代为金。

7、解村遗址

位于临城县东南3公里的解村西北，泜河南岸。共两处：一处距解村80米，约2000平方米，文化层厚0.2~0.6米；另一处距解村约1公里，西依钓盘山，文化层厚0.3~0.8米。两处内涵相同，遗物主要有白瓷碗、杯、盘、黑釉盘等，窑具多为支圈、垫珠等。时代为金。

8、山下遗址

位于临城县东南4公里，遗址分布在村东和东北。村东部分遗物散布面积约3.5万平方米，文化层厚0.4~1.6米；村东北部分遗物散布面积约1万平方米，文化层厚0.4~0.8米。两处遗物相同，有白瓷印花花口碗、印花折腹盘、瓜棱杯及盒、瓶、刻花模等，窑具有"石"字款桶状匣钵、支圈。1991年又发掘出窑炉两座。时代为金。

山下遗址出土的印花瓷片

9、陈刘庄遗址

位于临城县东南约5公里的陈刘庄村东，面积约3万平方米。在村东有一条自西向东和一条自北向东的古河道，因两沟相交成十字形，故当地俗称"十字沟"，窑址分布在沟的两岸。根据遗存，东沟和北沟南端主要是隋代窑址，北沟北端主要是北朝窑址，南沟和西沟主要是唐、五代和宋、金、元代的窑址。看到的标本主要有青瓷，也有一些粗白瓷和细白瓷，主要器物是杯、碗、盘、钵、杯、瓶、粉盒、动物玩具等。时代主要是隋唐，宋金元明清各个时期也有少量遗存。

10、代家庄遗址

位于临城县东南6公里的代家庄村东150米的阶梯状台地上，台地北高南低，其东部为泜河，南北皆为冲沟。遗址东西、南北各长约250米。地表遗物有陶片、瓷片和窑柱、三角支钉等。时代为隋、唐。

11、磁窑沟遗址

位于内丘、临城两县交界处的东西磁窑沟之间，属丘陵地带，北依矸石山，中间有百泉河穿过。面积6000余平方米，堆积厚度达4米以上，有灰坑和窑炉暴露。遗物有灰白瓷，但最多的是黑瓷粗器。在遗址北边的矸石山过去曾有人挖出过古代采矿留下的巷道旧址。遗址附近也曾有过窑神庙，并有明代碑记，今废。时代为金、元、明。

12、南岭遗址

位于内丘县西北约6公里处，村北有南北相邻的两个台地，高约4米。遗址在两个台地上分别仅存一部分。在北台地西北角，以前曾出土过青瓷碗和"开元通宝"铜钱，现断崖上还可见到厚约0.4米的堆积层和不少遗物，残存面积约50平方米。在南台地北面断崖上，暴露有堆积层，地表亦可拣到遗物。采集标本有碗、盆、钵、罐等。时代为唐、五代。

13、北大丰遗址

位于内丘县西北约4公里的李阳河北岸。遗址原有两处：一处在村东北80米处，曾发现有残窑遗迹，现地表已很少能见到遗物了；另一处在村西北200米处，面积约7800平方米。以前平整土地时曾在耕土以下出土过很多青瓷、白瓷、三彩和窑具残片。采集标本有碗、罐、钵、盆、三角支钉和瓷埙模具等。时代为隋、唐。

14、中丰洞遗址

位于内丘县城西北约2公里的中丰洞村北，李阳河北岸，地势较为平坦。自20世纪60年代至80年代中期，由于建房动土而逐步向北侵削，时常掘出残窑、窑具和瓷片。目前遗址南北仅宽20米，东西不足百米。并且大部分遗址已被民房覆盖。在南断壁上尚可见一道由草木灰、红烧土、骨头、瓷片、窑具及黑土构成的堆积带，文化层厚约2米。这是一处以烧造粗瓷为主的窑场，其中以青瓷为多，兼有少量黑瓷和白瓷。出土标本有碗、罐、杯、瓶、盆、镟、白瓷多足砚等，窑具有三角支钉、垫圈、蘑菇窑柱等，其中在一窑柱上刻有"吉利"二字。时代为隋、唐。

15、西丘遗址

位于内丘县城西6公里的李阳河南岸，地势较高。遗址大部分被压在村庄下面，在公路两边断崖上可见断断续续的瓷片堆积层，文化层厚0.3～0.8米。出土标本有碗、钵、盆、瓶、罐、盂、白陶俑、窑具等。时代为隋、唐。

16、北双流遗址

位于内丘县城西北李阳河北支流的西岸和南支流的北岸，面积2000余平方米。在这里不仅发现瓷片标本和窑具，还发现三处有红烧土的窑炉遗迹。出土标本主要是青瓷杯、碗、钵、盘，同时也发现粗白瓷残片。此处遗址除出土北朝标本外，隋唐、五代、宋金时期的标本也有发现。

17、内丘县城关遗址

位于李阳河东南岸，县城城区的西北部，南北长约1200米，东西宽700米。依今地理位置，大致可分为西关北、西关西、步行商业街三部分。

① 西关北窑区，位于李阳河南支流东南岸台地上和蜂窝煤厂一带，面积约3万平方米。地表散布有较多的瓷片和窑具。瓷器有青瓷、白瓷、黑瓷以及透影白瓷，器类有碗、钵、盘、盆、罐、瓶等，窑具有三角支钉、齿形垫具、蘑菇形和喇叭形窑柱、垫圈、垫珠、筒形匣钵等。时代为北齐至唐。

② 西关西窑区，位于内丘县西关村西头原石英粉厂以南，面积约2万平方米。这里虽然被民房压盖，但在改建房屋施工中，常有瓷片标本出现，主要有杯、碗、盘、钵与盘口器，其中有青瓷也有粗白瓷。时代为北齐至隋代。

③ 步行商业街窑区，主要位于原县礼堂、电影院、农贸市场、服务楼、交通局一带，面积约5万平方米。这一带是唐代白瓷烧造最集中的地方，文化层较厚，内涵丰富。2002年，河北省文物研究所配合步行街建设工程，对原礼堂和电影院旧址区进行抢救性发掘，发掘面积1224平方米，出土北朝至唐代灰坑174座、窑炉10座和大量的瓷片标本，亦有"盈"、"翰林"款白瓷和唐三彩，并首次出土了"官"字款白瓷。时代大体为隋至五代，唐代遗存最为丰富。

18、张家庄遗址

位于内丘县城东北1公里的张家庄村北300米，东临京广铁路。现遗址处建有城关镇砖厂，砖厂在取土时曾掘出过大量窑具和瓷片，文化层距地表深1～1.5米，厚1.5～2米。现在窑址大部分已被破坏。出土标本有碗、罐、盒、盘形匣钵、盆形匣钵等。时代为唐。

19、北光遗址

位于内丘县河渠乡北光村西南约300米的李阳河河道内，残存面积3200平方米。窑址上散布有大量的陶板瓦、筒瓦、瓷片、窑具，断面上可见多处含瓷片的灰坑和灰层堆积。时代为唐。

20、白家庄遗址

位于内丘县城东2公里的白家庄村东北500米处，面积约4万平方米。因砖厂取土形成的断崖上曾暴露过两座残窑体和不太丰富的文化堆积层，局部掘出过灰坑。窑址地面上散见有瓷片、瓦片和窑具残件。由于20世纪70年代较大规模的平整土地，窑址遭受严重破坏。采集标本有碗、罐、瓶、钵、镂、马、俑头、三角支钉等。时代为隋、唐。

21、冯唐遗址

位于内丘县至西南约8公里的冯唐村北约400米的小马河南岸台地上，土质沙性，地势平坦，遗物分布面积约4.5万平方米。在遗址的南端，因村民取土挖坑可见若干个灰坑，深约1.3米。灰坑周围散布有较多的红烧土、瓦片、瓷片和窑具。遗址整体破坏严重，文化层不大丰富。时代为隋、唐。

22、顺德路遗址

位于邢台市桥东区顺德路第一医院北侧，遗址面积1000余平方米，文化层厚约2米。出土器物主要有白瓷碗、杯、钵口瓶、盘口瓶、高足盘及大量的黑釉器，并首次出土了黑釉板瓦、筒瓦及宝顶式建筑构件，遗物十分丰富。时代为隋至初唐。

23、西坚固遗址

位于邢台县西坚固村西约1.5公里的大沙河北岸台地上，东北距邢台市区约30公里。这里属太行山东麓的低山丘陵区。遗址所在台地北高南低呈阶梯状，范围东西长约200米，南北长约150米。因大部分被金元时期的冶铁废渣所覆盖和扰乱，故未发现原始堆积，地表散见遗物亦不丰富。采集标本有青瓷碗、罐、盆以及窑具三角支钉、齿形垫具等。时代约为北朝时期。

邢台市桥东区顺德路邢窑遗址出土瓷片

三　出土器物与品种

目前掌握的大量资料表明，邢窑的器物并非像以前人们所说的那样，品种单调，素无纹饰。相反，除北朝由青瓷向白瓷过渡时期产品较为单一外，自隋朝开始至唐及以后的宋金元时期，邢窑工匠烧制出了几十个品种，各种器物造型多达上百种。不仅有白瓷，而且还烧青瓷、黑瓷、褐釉瓷、酱釉瓷、绿釉瓷、白地绿彩瓷、唐三彩、白陶等。器物有碗、盘、杯、瓶、盏、盏托、盖罐、塔式罐、执壶、穿带壶、印花扁壶、豆、钵、盂、粉盒、洗、茶炉、人形灯、鹦鹉杯、海棠碗、刻印花碗、花口碟、多足砚、鹅首三足炉、贴花高足钵、双龙双腹瓶、香熏、葫芦瓶、束腹罐、扑满、人面埙、兽面埙、骑马俑、瓷人、动物及瓷佛珠等。还有用于建筑的瓷板瓦、筒瓦、宝顶式构件和用于宗教的白陶佛龛、人物俑及大量的仿生彩绘陶器等等，品种异常丰富。

从功能上论，邢窑产品可分为：实用器，如碗、盘、钵、杯、粉盒、罐、执壶等；观赏用的陈设瓷，如长颈瓶、印花扁壶、双龙尊（瓶）等；明器，如塔式罐、风炉、茶炉、陶马、人物俑、陶炉、各种白陶制品等；文房用品，如多足砚、水盂、水注、洗、印盒等；乐器，如埙、盛水的碗等。从质量上说，有粗、细和精细之分。粗瓷制品产量最大，多为实用器，可满足大众使用；细瓷制品是邢窑主流，面向社会中上阶层，也有贡瓷和订烧器。而精细的制品，如透影白瓷等则可能专供皇室使用，其产量极为有限。从时代来看，邢窑的品种也经历了一个由单一向多品种发展的过程。北朝初创时期仅生产碗、杯一类的青瓷、白瓷和黑釉瓷。而到隋代其品种已开始丰富，不仅烧制青瓷和白瓷，而且开始烧制彩瓷和装饰瓷。到了唐代，邢瓷的品种开始走向多元化，层次明显拉开。细瓷开始追求精美，粗瓷只求数量，功能也趋于多样化。到了五代时期，由于定窑的崛起，邢窑产品种类开始减少，只烧制一些民用瓷和少量装饰与使用相结合的印花瓷器，但仍有一定的规模。

总之，邢窑产品不仅质量较高，造型装饰精美，其器物品种也极为丰富。实用器、陈设器、明器等，涉及到当时人们日常生活中的各个领域，创造了辉煌灿烂的邢瓷文化。

四　工艺特点与烧造方法

邢窑在制瓷工艺与烧造方法上有着鲜明的特点，并取得了辉煌的成就，对邻近的定窑和磁州窑也都产生了重要影响。

1、制瓷原料与成型方法

经对比分析可知，临城邢窑细白瓷胎料，应该是由窑址所在地祁村至石固一带所产的一种俗称为红砂石的原料配制而成的。红砂石为半软质粘土，收缩小，塑性中等，能适应古代原料加工的条件。内丘邢窑细白瓷胎料，使用的是比红砂石 Al_2O_3 含量稍低的松质粘土，原料经过淘洗。邢窑白瓷釉料，使用的是富含 CaO、MgO 的釉土，并引入草木灰、石灰石和石英。除隋代透影白瓷外，其他产品的胎中没有发现掺入石英、长石等瘠性原料的现象，故均为软质或半软质粘土配制，一般经过反复淘洗捏练即可使用。而釉料中应该引入石英和石灰石，故需先经过捣捶后配以高岭土而成。

邢窑制品的成型方法主要是用快轮拉坯，也有经过模制或堆贴工艺的。从器物旋纹来看，其旋削技术非常娴熟，产品的足、腹、肩、口的加工都有固定的程式，精工细作，一丝不苟。

邢窑制品无论是平式器皿，还是立式器皿，大都是内外施釉，施釉方法多为浸釉或荡釉。而带彩器物则采用点、画、涂等手法施釉，如唐三彩器等。

2、窑炉结构与烧成

迄今为止，在遗址上已发现16座窑炉，分别位于内丘县西关北、步行街、商业街和临城县西双井、祁村等地。北朝至隋代的窑炉总体上为馒头式窑，双烟囱、大燃烧室。中晚唐时期的窑炉总体结构与前代变化不大，但窑体变长，窑床增大，呈长方形，平坦，燃烧室较大。窑炉大小规格不同，大的长6米左右，宽2.2米以上。五代时期的窑炉结构大体上与唐代的窑炉差不多，但其窑床已由平面变为坡面，面积较唐代有所增大，且前高后低，利于前后温差缩小，坯体受热时不易发生前倾甚至倒柱现象。到了宋金时期，由于烧成温度降低和燃料的改变，其窑炉有了较大的变化，体积增大，容积可达10立方米以上，但总体上还是馒头窑。各时期窑炉皆为半倒烟式结构。邢窑在五代或北宋初期以前，是用木柴为燃料的，到了金元之际则全部以煤为燃料。根据对邢瓷胎釉的物理性能分析，早期邢瓷是在强还原气氛中烧成的，但到了隋末则改为弱还原烧成，宋代以后，特别是金元时期由于改以煤为燃料而采用氧化焰烧成。邢瓷的烧成温度在北朝至唐代初期在1200～1300℃之间，到了盛唐以后烧成温度最高，一般在1280～1380℃之间，而到了五代以后烧成温度又下降至1300℃以下。

从邢瓷传世作品和窑址出土遗物来看，其釉色基本一致，玻璃质感较强，极少有烟熏泛黄的产品。产品胎的瓷化程度基本近似，大都处在微生烧状态，所见极少过烧、欠烧现象，且由于胎釉Al_2O_3含量高，要求在1300℃以上烧成，这充分说明了邢窑窑工对高温烧成，特别是还原气氛的控制技术十分成熟。到目前为止还没有发现烧成温度比邢窑高的其它窑场，这应该说是我国制瓷技术的巨大进步，也是邢窑的重大贡献。

3、窑具与装烧方法

窑具主要有：（1）窑柱座和窑柱，（2）三角垫片，（3）环形支垫，（4）窑戗，（5）泥条，（6）筒（桶）状匣钵，（7）漏斗状匣钵，（8）盒状匣钵，（9）杯状匣钵，（10）环状、盘状支圈，（11）垫珠。

装烧方法主要有：（1）早期的窑柱、三角垫片架烧法。唐代邢窑的前身，即北齐、隋代内丘县城关、临城县陈刘庄、邢台县西坚固窑使用此法，为邢窑首创。方法是：在平整过的窑坑上稳置好盘状窑柱座，在其顶端粘上泥条，安上一节窑柱。在第一节窑柱上也放一圈泥条，再放一节窑柱，视窑内高度放两到三层。而后将器物坯体、粘土泥条稳置在窑柱座上面，一般安放四到五组，顶上一个盘状窑柱座亦同样处理，最上面的柱顶视窑内高度情况放壶坯和瓶坯不等。整个窑柱及器内均置于明火中，一次烧成。(2) 漏斗状匣钵装烧法。唐代细白瓷碗类器物使用此法。临城县祁村、双井村、陈刘庄和内丘县城关窑址多见。方法是：在一件漏斗状匣钵里铺上少量的石英砂，而后放入一件或二件碗器坯件，再放一件漏斗状匣钵，其内再放一件坯体，两钵间用泥条压紧，逐渐咬口叠置，到适当高度为止。(3) 盘状、钵状、漏斗状匣钵组合装烧法。此法为邢窑首创，在唐代大约延续了近百年，主要用来盛装细白瓷盘、碗等器物。它

漏斗状匣钵

由盘状与钵状两种器件组合而成。方法是：下面放一钵状匣钵，里面安放一浅式细白瓷碗坯，钵上安放一正放的盘式钵盖，盖上再放一碗坯，而下再加上一钵。这是邢窑装烧玉璧底、玉环底碗器时所采用的主要方法。或者将一钵正放于下，正放入一件较高的器物坯件，然后再加上一钵即可。有的下面正放一钵，里面装一件较高的白瓷杯坯，上面反扣一件钵盖。(4) 筒状匣钵正烧法。邢窑在隋代初期就开始使用筒状匣体，唐代大件器物也多沿用此法，五代时期的砂圈叠烧，金元时期的单件正烧、砂圈叠烧，也多用此法。它主要用来盛装瓶、罐、执壶等立式器皿，通常视坯体大小来决定一钵装入数件或一件。而匣钵的口径和高度按所烧器物的体积而定。方法是：在窑炕上放一件筒状匣钵，里面铺上石英砂或垫饼，在上面放好所烧器物的坯钵。用湿泥条盘绕在匣钵的口沿，上面再放一件筒状匣钵，装入适量的坯体，这样逐件叠置，到适当高度即可。湿泥条起稳定窑柱和防止火刺的作用，用过的匣钵经过拣选还可重复使用，如果装烧的坯体尺寸较高，可将上面一桶状匣钵倒扣过来便可解决。(5) 支圈覆烧法。宋金时期多使用此法，方法是：在窑炕上铺上石英砂，稳置好支圈垫，然后扣装上器物坯体，在支圈座上叠置一环状支圈，上面再扣装一件器物坯，这样逐一置放。(6) 砂圈烧法。金元时期使用此法，方法是：将制好的器物坯体施釉后，刮去内心一圈，而后逐件叠放，装入筒状匣钵内，入窑焙烧即可。(7) 垫珠支烧法。金元时期烧造瓷盆等大件产品，多采用此法。方法是：将模印好的粗质垫珠放在大件器物坯体的底部（一般放三到五枚），垫珠上再放置一件小一些的同类器物，然后逐一垫装成套，置于匣钵中焙烧，烧好后，除掉粘附在器物表面的垫珠后即可使用。

五 器物的造型特征与装饰艺术

陶瓷器物造型有实用与审美两大功能，受不同时代工艺技术水平的发展及姊妹艺术的影响，各时代器物的造型特征有不同变化。

1、各时期造型特征

北齐时期，瓷器的胎体厚重，胎质较粗，胎色灰黄，一般不施化妆土，釉色多呈青绿或黄绿色。造型特征是：质朴、凝重、粗犷。

隋代开始用化妆土装饰青灰色胎体，而后更进一步用白色粘土制胎，烧造粗白瓷。工艺水平显著提高，胎料制备精细，旋削工整，装烧考究，立式器皿显著增多，造型特征是：挺拔、豪放。

唐朝社会生产力得以恢复发展，经济、文化、贸易空前繁荣，各种手工业蓬勃发展。唐代邢窑更进一步精选胎釉原料，旋坯技法更为规范，采用匣钵正烧法，消除了器物内的支烧痕，严格控制火候，产品瓷化而不过烧，保证了造型的神韵。种类增多，有大量生活用品，也有不少的陈设品。器物的造型特征是：体态丰盈，庄重大方，赏用结合。

五代时期全国统一的局面崩溃，时逢乱世。此时的器物胎质粗松，胎色多灰黄或青灰，釉色多灰白，釉

"翰林"款白釉罐

下多施化妆土,制作工艺粗糙,其器物造型特征是:饰用结合,重在功能,粗质细作。

北宋时期邢窑与巩县窑、越窑、耀州窑、定窑等名窑一样,仍有不少精品作为贡品进入皇室。此时器物的造型特征是:秀丽浮华,体态轻盈修长。

金元明时期,我国北方遭受战乱,但为满足社会需求,临城县南程村、山下村、解村、射兽村等窑场又相继恢复了陶瓷生产。在制瓷工艺和装饰方法上借鉴了定窑的手法,但制品的精细程度略逊于定窑。其器物的造型特征是:单调而不单一,实用功能更加突出,体态轻薄。

但邢窑器物造型又有着共同的艺术风格,邢窑器物具有圆唇口、短颈、丰肩和鼓腹的特点,构成了庄重大方的体态。而这些长短曲线、直线的巧妙结合又使得邢窑器物具有了雍容华贵之美。陶瓷器皿既是实用品,又是艺术品,唐代邢窑的工匠将玉石雕刻,金银器的造型艺术应用于陶瓷制造上,在实用与艺术的结合上加以卓越的创造,制出了大量千古赞赏的佳品。如玉璧底碗白如霜雪、碗底形如玉璧,还有花口瓣足碗、高足杯等,都是仿金银器形制的制品。既是盛装食物的实用品,又能满足观赏的审美要求。邢瓷胎质洁白细腻,釉色莹润泛青,用于形体凝重朴实的器物上,更显丰满端庄,华贵典雅。另外邢窑器物的形体既有直线又有弧线,但以弧线为主。整体线条有行有止,有抑有扬,或一气呵成激流直泻,或蜿蜒曲转舒缓有序。特别是白瓷罐口沿下那条转折的线角,起到画龙点睛的作用,给完美的形体增添了生气。总之,邢窑器物造型朴素大方,线条饱满酣畅,制作规整精细,釉色银白恬静,给人以既雍容饱满而又凝重大方的美感。

2、装饰方法及其艺术特色

邢窑装饰种类较多,计有弦纹、模印、戳印、压印、按压、雕塑、贴塑、捏塑、刻划、镂空、削边、三彩、点彩等。

(1) 北朝至初唐(下限约到7世纪中叶),装饰技法使用较多,主要有弦纹、贴塑、模印(印花)、戳印、刻划、点彩和单色彩等。涉及器物种类较为广泛。但就整体而言,以模印、旋纹为主,而刻划、戳印主要用于制作模具,装饰以胎形装饰为主,朴实自然。

（2）　盛唐时期（大致从7世纪中叶至8世纪中叶），产生了削边、镂空、雕塑和三彩装饰技法。削边使用不多，镂空、三彩只在本期发现。模印使用仍然较多。本期邢窑装饰技法仍以胎形装饰为主，但三彩以及刻划、削边、镂空等装饰的应用，使得邢窑装饰逐渐走向一个崭新时期。

（3）　中唐时期（大致从8世纪中叶至9世纪中叶），本时期装饰向更多器物扩展使用，装饰特点较为鲜明。执壶等器物的大量生产，使得胎形装饰中捏塑、贴塑使用较多，模印的使用仍然不多。刻划使用较多，弦纹使用仍然较为广泛。另外出现了一些特有装饰如黄釉执壶上的压印扁纹。

（4）　晚唐至五代（大致从9世纪中叶到10世纪中叶），邢窑的装饰技法使用较多，有模印、压印、按压、雕塑、捏塑、贴塑、戳印、点彩、削边、刻划等。装饰器物较为齐全，涉及碗、盘、罐、执壶、钵、穿带壶、双鱼瓶、小瓷塑等。本时期特有的装饰技法，点彩由原来的釉上彩发展为釉下彩，双鱼瓶集刻划、贴花、戳印等装饰技术于一体。削边大多削得较浅，有的只稍稍压低一点，或用工具在器物口沿上向里按压成为花口，又省力又不失美观。

（5）　北宋时期的装饰方法主要有印坯、贴花、刻花、戳印、黄绿釉彩、褐彩及捏雕等。

（6）　金元时期的装饰方法主要有刻划花、印花、铁锈花、剔花、三彩釉、梅花点等。

邢窑装饰技法总体上以胎形装饰为主，也有少量的点彩装饰手法。而各阶段的装饰都直接或间接地反映出相应时期的审美趋向。邢窑装饰由最初的光素无纹发展到胎形装饰，再到工具装饰，不仅说明了人们对美好事物的不断追求，同时也是市场竞争使各窑场之间互相学习和影响的结果。

六　相关问题

1、隋代透影白瓷

邢窑透影白瓷（或称之为透光白瓷）首次发现于1984年，出土地点为内丘县西关北窑场，当初仅发现两件深腹圈足碗底残片，当地的文物工作者将其定为唐代。1985年春，笔者考察窑址时有幸采集到两件透影白瓷残片，一件为平底深腹碗残片，另一件是带有兽形铺首的瓶类残片，其造型特征和装饰手法具有明显的隋代风格，故认为时代应比唐代早，后请教了故宫博物院李辉柄、王丽英两位专家，结果被确认为隋代无疑。

1988年河北省邢窑考古队在内丘县西关北遗址的北侧发掘中又出土了200多片透影细白瓷，可辨认的器型有碗、杯、盘、多足砚、盂、器盖等。其胎体有薄厚两种。薄的一种主要为碗、杯，做工极为精细，

透影白瓷

胎厚仅 0.7～1 毫米，能达到光照见影的程度。胎厚器物为碗、盘、砚、盂、器盖等，胎质精细洁白，断面有乳脂光泽，类似"猪油白"，对光有透影感，釉面光洁莹润。除透影白瓷外，探方中还出土大量的粗白瓷、青釉瓷和桶状匣钵等窑具。这次发掘因有地层关系故对断代更有说服力。值得一提的是根据中科院上海硅酸盐研究所对透影瓷片的化学分析，透影白瓷胎中 K_2O 含量相当高，在 5.2～7.25% 之间，釉的 K_2O 含量也达 4.7～6.1%。由此推断透影白瓷的胎釉中均引入了一定量的钾长石，其釉中也可能掺入了石英矿物，应是最早的长石质瓷。

邢窑隋代透影白瓷与粗白瓷和青瓷同炉烧造，均采用筒状匣钵笼罩。匣钵一般直径为 13～28 厘米，高度为 4～20 厘米。据测试，烧成温度为 1280 摄氏度左右，烧成气氛接近于还原焰，燃料为柴，一次烧成。

透影白瓷主要器型为碗和杯，做工精细，大部分为回转体，系采用拉坯方法成型。其工艺较为复杂，薄胎器物需要反复多次精修。施釉方法多为浸釉或荡釉。装饰较为简单，目前发现的主要有立体雕刻和贴花。

邢窑工匠在发明白瓷后不久就烧制出了具有透影性能，含有长石、石英、高岭土三元系配方的产品，即习惯上人们所说的长石质瓷，这不能不说是一种奇迹，也使人产生了许多疑问。在邢窑透影白瓷发现之前，一般认为长石质瓷源自国外，中国古代系采用高岭土和瓷石二元系配方。以往的考古和科学研究结果也证实，我国自发明瓷器以来至清中期前后还没发现类似采用长石配制坯料的例子。故邢窑隋代透影白瓷发现之初许多人表示怀疑，为什么这种瓷器在以后千年来没能传承下来而退出历史舞台了呢？这一问题笔者以前也曾提出了一些肤浅的推测，但觉得缺少足够的证据而难于定论。最近，在收集《邢窑研究》一书相关文章过程中，偶见河北大学金家广教授《试揭何稠绿瓷之谜》的文章，文章推断隋人何稠曾受皇帝指派复烧久绝的玻璃器，可能在内丘一带的邢窑试烧过绿瓷（青瓷），如果这一推论成立的话，出土于内丘县西关北的透影白瓷也极有可能与何稠试烧玻璃和绿瓷有关，即何稠在邢窑试烧的玻璃器也有可能就是这种含有长石的透影白瓷，这个问题有待进一步研究考证。

2、款识

近些年来特别是邢窑遗址被发现以来，先后出土了"盈"、"大盈"、"官"、"翰林"、"药"、"王"、"张"、"李升"、"李"、"□弘"、"□楚□"、"解"、"退"等带款识的瓷片标本。这些款识多为尖状工具刻划而成，也有个别用毛笔墨书在成品上。除在瓷器上刻有款识外，在窑柱、匣钵等窑具上刻字款的现象也十分普遍。常见的有"张"、"吉"、"吉利"、"笼盖"、"苏家"、"石"等。

"大盈"款：标本目前已发现有十几片，胎质细白坚硬。除西安唐金胜寺遗址出土一片外，其他均出自邢台市旧城区清风楼东的长街一带。值得一提的是这些出土器物全部为平底碗，其时代应早于"盈"字款瓷器。这批标本究竟来自哪个窑址目前尚难判断，但确系邢窑产品无疑。

"盈"字款：是目前发现最多的款识，据不完全统计可能已出土了数百片。出土"盈"字款的窑址主要是内丘县步行街、农贸市场、服务楼、交通局、西关北等。另外，在西安、北京、杭州、赤峰、长治、易县、邢台、临城、隆尧等地墓葬和遗址中也有发现。主要器型有碗、盘、罐、洗、执壶、盏托、粉盒、瓷枕等。

"翰林"款：多出于内丘县城关窑址，西安市及邢台市区也出土过，器型主要为罐、粉盒等。出土量远不及"盈"字款。

"官"字款：2003年春夏间在内丘县礼堂步行街考古发掘中发现，共出土了十几片。均为细白瓷圈足碗残片，有些还粘有匣钵。"官"字款瓷片过去曾在邢台市旧城区出土不少，限于资料多将其划归定窑。而此次发现的"官"款白瓷与"盈"字款白瓷则出土于同一地层或灰坑，无疑具有重要的历史意义，但同时又给我们出了一道难题，即如何鉴别窑口问题。邢窑"官"字款瓷器的时代应为晚唐，与定窑"官"字款瓷器从时代上说大体相当，其胎釉及刻写的

"大盈"款瓷片（邢台市桥东区长街出土）

方法差别不大，化学组成和烧成温度也较为接近，这使我们鉴别各地出土"官"字款瓷器（如浙江临安出土带金银扣的"官"、"新官"款白瓷）窑口问题更增加一定难度。

"药"字款：目前仅见一例，器物为白釉玉璧底花口碗，出土于内丘县西丘砖厂。

对于"大盈"、"盈"、"翰林"、"官"款的解释，目前大体上有两种说法，一是与唐代皇宫的百宝大盈库有关，为官府的定烧器。另一种观点认为邢窑出土款识是因窑场众多，为了竞争而刻制的商标或记号。多数学者则倾向于前者，相信随着考古资料的不断丰富最终会解决这一问题。

另外，其他诸如"张"、"王"、"李升"、"吉"、"吉利"款均为姓氏或吉祥语，对此争论不多。这些款识的发现给研究邢窑文化内涵提供了重要信息。

3、五代以后邢窑的发展与延续

关于邢窑的历史，在遗址发现之前，一般学者认为邢窑的烧造时间很短，如"邢窑白瓷始于初唐、盛于中唐、衰于晚唐，五代之后即销声匿迹"、"五代以后无邢窑"、"宋元无邢窑"等。但实际上邢窑的烧造始于北朝，发展于隋初唐，兴盛于盛唐、中唐和晚唐前期，唐末和五代转入低潮，其后又复兴于宋，延续至金元，甚至到明清，长达一千多年。

唐末，由于政治腐败，战争频仍，社会经济遭到了严重破坏，加之细瓷原料枯竭，邢窑白瓷生产开始从兴旺转为衰落。五代时社会政治经济形势依然如故，邢窑的衰落局面未能改善。但北宋的基本

"官"字款瓷片（内丘县礼堂出土）

統一，结束了五代时期的分割混战局面，为社会经济的发展创造了条件，邢窑白瓷生产得到了一定程度的恢复。

据查宋代文献中有三处明确记载邢州产贡瓷的内容。一是《太平寰宇记·河北道》："邢州，……土产：白瓷器、丝布、绢、解玉砂。"二是《元丰九域志·河北路》："邢州、巨鹿郡、安国等节度，……土贡：绢一十匹，瓷器一十事，解玉砂一百斤"。三是《宋史·地理志》："信德府、次府、巨鹿郡、后唐安国节度。本邢州，宣和元年升为府，贡：绢、白瓷盏、解玉砂"。可见邢窑白瓷到北宋晚期，不仅仍在持续生产，而且在越窑停贡情况下，还继续进贡。总之，邢窑在整个北宋时期一直持续生产，进贡时间近五十年。

对临城县澄底窑址的调查也发现了大量北宋风格的白瓷标本。如在遗址北侧出土的白釉印花瓷枕等，从造型装饰上看应为北宋早期无疑，釉色白度虽不及唐代细白瓷，但仍有邢窑遗风。邢窑北宋时期的窑址已被专家确认的目前仅有澄底一处，但在临城、内丘、邢台县宋墓中出土的，既非磁州窑、又非定窑的白瓷在宋代窑址中已发现了诸多标准器物，证明其实为宋代邢州烧造的白瓷。如1991年临城水泥厂宋墓出土的白釉斗笠碗、酱釉瓶、水波纹白釉枕和2005年临城岗西宋代墓葬出土的绿釉塔式罐、白瓷碗等应为邢窑产品。

金元时期，邢窑白瓷生产一直持续不断，20世纪80～90年代在临城县境内发现了大批金元时期的邢窑遗址，如：磁窑沟遗址、山下遗址、解村遗址、南程村遗址、射兽遗址。这些遗址分布面积大，堆积层厚，南程村遗址局部暴露的窑具和瓷片的堆积厚达2米，射兽遗址文化层也厚达1～2米，出土遗物种类很多，对这些遗址目前还未进行大规模的考古发掘，地下很有可能埋藏有宋金时期的文化遗存。另外，在内丘城关礼堂一带也出土有宋金时期的标本，其发掘中也发现了晚唐五代时期的遗物，故相信随着考古工作的不断深入，宋代贡瓷窑址也许在不远的将来正式面世。

由此可见，邢窑不但在整个北宋时期持续发展得以恢复，有些产品的质量已接近唐代的技术水平，而且在金元时期还在生产，甚至续烧到明清时期。

4、唐三彩及白陶

唐三彩是一种流行于中国唐代的铅釉陶器，也是唐代陶瓷手工业的一个新品种。它用白色粘土作胎，先经过1100℃的高温素烧，然后用铜、铁、锰等元素加入铅釉中作着色剂，施在已素烧过的胎体上，再经过900℃左右的低温烧制而成。由于铅的易熔性和在烧制过程中的流动性，器物表面形成黄、赭、蓝、绿、褐、黑、白等多种色调。由于大多以黄、绿、白三种颜色为主调，因此习惯上称为"唐三彩"。

目前，中国境内已发现的唐三彩窑址有四处，除邢窑之外，还有河南省巩义市黄冶窑、陕西省铜川市黄窑堡窑和西安市郊机场窑。近些年来考古发掘发现有多处邢窑遗址烧造唐三彩，内丘县城关遗址（特别是礼堂北一带）唐三彩出土最多，该地出土的三彩三足炉、三彩杯和三彩盘，与白瓷玉璧足碗同出，应是中唐时期产品。此外，在内丘县北大丰遗址、临城县祁村、射兽遗址也有零星发现，烧造时间一直延续到宋金之际。

邢窑唐三彩器物有钵、瓶、罐、盘、碗等，注重实用与美观的结合，而河南巩县、陕西铜川等窑场却以生产各种用以陪葬的明器为主。邢窑唐三彩的釉色有单色和复色之分，呈现黄、绿、蓝、红、棕、褐等色，其釉色较均匀，玻璃质感强，有开片纹。而胎中一般含铁量高，泥粒较粗，素烧后胎多呈黄褐色或红色。邢窑工匠们为弥补这一缺陷，往往在坯胎上施一层白色化妆土再行素烧。之后，再施以不同色调的低温铅釉，便烧制出了色彩艳丽，五彩缤纷的三彩艺术珍品。另外邢窑还烧制绿、黄、褐等单色低温釉器物。值得一提的是在内丘县礼堂北遗址出土的两件"金星釉"（又名"砂金釉"）瓷片，该器为敛口水盂，胎质较细，胎色黄褐，器表施一层薄薄的玻璃质釉，釉色为淡棕色，釉面晶莹光滑，釉中分布着极小的金星晶体，在阳光照耀下，金星闪烁，光彩夺目。邢窑三彩的胎一般较硬，有些单色或双色釉的胎已接近瓷化，这是邢窑三彩的主要特征之一，但胎的白度不及巩县窑产品，多数胎体表面泛红。

此外，邢窑还烧制高硬度的白陶，主要有人物俑、生肖俑及动物、佛像、佛龛等明器和宗教用品，为研究我国古代佛教文化和丧葬制度提供了丰富的实物标本。这些陶器先用低温烧制成毛坯，再施以彩绘或描画出各种图案，供应当时社会各个阶层。从窑址和墓葬出土的数量来看，这种白陶的生产规模相当可观，产量极大，这是邢窑工匠为适应唐代厚葬而发展起来的又一个品种，这种陶器硬度较红陶或灰陶要高得多，故非常受欢迎。总而言之，唐三彩和高硬度白陶的生产，都有力地证明了邢窑产品多样化的特色。

5、邢窑瓷器的外销

关于邢窑的外销问题，目前国内外的研究者不多，但从研究外销瓷的一些文章中可已看出，邢窑白瓷与其它名窑一样，其产品曾大量销往国外。1919年至1939年，法国学者赫尔费尔德等对伊拉克的萨马腊遗址进行的两次大规模发掘，出土了大量古陶瓷片，其中中国古陶瓷片最多，有青瓷、黄釉瓷、绿釉瓷、唐三彩和被专家学者认为"经过高火度烧造"的"又硬又有玻璃质"的邢窑白瓷。1912年至1920年，在位于埃及开罗南郊的福斯塔特遗址的发掘中，出土各种陶瓷七十多万片，这些瓷片中有来自中国的"唐三彩、越窑青瓷、长沙窑瓷器和邢窑白瓷"。其他出土邢窑产品的国家还有日本、菲律宾、印度尼西亚、泰国、印度、斯里兰卡、巴基斯坦、伊朗、索马里、肯尼亚、坦桑尼亚等国家和地区。

邢窑瓷器的外销时间大约应在唐中期至晚唐五代时期的两百多年间，地点主要集中在亚洲及北非地区。其外销路线大约有两条：一是经长安通向西域各国的"丝绸之路"。第二条是通过海运的"海上丝

三彩钵（临城县东柏畅唐墓出土）

绸之路"，其具体路线是经大运河抵扬州港或连云港，再从扬州和连云港汇聚各地其他产品转运到世界各地，从扬州市出土的大量邢窑器物标本足能证实。邢窑白瓷与越窑青瓷、唐三彩及长沙等窑瓷器的对外销售和传播，对我国古代与世界各国经济文化交流起到了极大的推动作用。

综上所述，邢窑自北朝后期创烧以来，发展迅速，到唐代已成为与越窑齐名的两大著名窑场之一，其产品质量上乘，造型精美，深受社会各阶层人士的喜爱。邢窑白瓷的发明在我国陶瓷发展史上具有划时代的意义，它不仅结束了自商周以来由青瓷为主导的历史，更重要的是为后世各种彩瓷的发展奠定了基础。

参考书目

① 孟繁峰、王会民、张春长《河北瓷窑考古的几个问题》，《中国考古学跨世纪的回顾与前瞻》，《1999年西陵国际学术研讨会文集》，科学出版社，2000年。

② 河北省邢窑考古队　王会民等《邢窑遗址调查试掘报告》，《考古学集刊》14集，文物出版社，2004年。

③ 河北省邢窑研究组　张志忠等《邢窑工艺技术研究》，《河北陶瓷》1987年2期。

④ 毕南海、张志忠《邢窑装烧方法研究》，《河北陶瓷》1989年第2期。

⑤ 河北省邢窑研究组　毕南海《邢窑造型装饰研究》，《河北陶瓷》1987年2期。

⑥ 王会民等《邢窑装饰初探》，《中国古代白瓷国际学术研究讨论会论文集》，上海书画出版社，2005年。

⑦ 张志忠等《邢窑隋代透影白瓷》，《文物春秋》1987年增刊。

⑧ 杨文山《论宋金时期邢窑白瓷的持续生产》，《邢台历史经济论丛》，中国人事出版社，1994年。

⑨ 杨文山《邢窑唐三彩工艺研究》，《中国历史文物》2004年1期。

⑩ Friedrich Sarry：Die Karamik von Samarra. Berlin，1925。弗里德里彻·沙列《萨马腊发掘》，柏林1925年版。

⑪ Aly Bahgat Beyet Albert Gabriel：Fouilles d'al Foustat. Paris，1921。武素敏译：阿里·巴哈格特，贝也特·阿尔贝特·加布里《福斯塔特发掘》，巴黎1921年版。

邢窑遗址分布图

西双井 唐XY-1
唐XY-2
祁村
五代 唐XY-3
五代 唐XY-4
岗头
澄底 宋金XY-5
宋金XY-6
射兽 宋金XY-7
临城
宋金XY-8
南程村
解村 金XY-9
山下 金XY-10
金XY-11
陈刘庄 隋唐XY-12
代家庄
尹村镇 唐XY-13
金元XY-14
瓷窑沟
五郎店
北大丰 隋唐XY-15
南岭 隋唐XY-16
中丰洞 北朝隋唐XY-17 隋XY-21
双流洞 北朝隋唐XY-18 北光
北朝隋唐五代 北朝隋唐
隋唐XY-23 XY-20 XY-22
西光 内邱 白家庄
西丘 金店镇
马河水库
冯唐 隋唐XY-24

官庄

任县
(任城镇)

盛德路
隋唐XY-25
南大郭
邢台市
大梁庄

北齐XY-26
西坚固

图例

地级行政中心
县级行政中心
乡、镇
窑址
隋唐XY-1 年代及编号
地级市界
县级市、县界
一级高速公路

国、省干线公路及铁路
县级公路油路及铁路
乡级公路油路及铁路
高速公路
建筑、规划中高速公路
铁路
河流
湖泊、水库及大郭

比例尺
0 1000 2000米

邢窑产品出土示意图 (目前已发现)

国内	1 河北省： 1)邢台市区　9)景县 2)邢台县　10)黄骅市 3)内丘县　11)唐县 4)临城县　12)栾城县 5)宁晋县　13)安新县 6)隆尧县　14)深州市 7)正定县　15)故城县 8)易县	2 陕西省： 16)西安市区 17)咸阳市 18)蓝田县(蔡文姬墓) 3 江苏省： 19)扬州市 20)徐州市	4 浙江省： 21)杭州市 5 内蒙古自治区： 22)赤峰市 6 山西省： 23)长治市	7 安徽省： 24)合肥市 8 北京市： 25)北京市区 9 广西壮族自治区： 26)桂林市	10 湖南省： 27)长沙市 11 广东省： 28)广州市
国外	1 日本（京都、奈良等） 2 埃及（福斯塔特遗址） 3 泰国 4 伊拉克（萨马腊遗址） 5 伊朗（尼沙布尔遗址） 6 印度尼西亚（勿里洞沉船、帝岩遗址）		7 菲律宾 8 斯里兰卡（马纳尔州满泰地区 的古港遗址） 9 巴基斯坦（拉明那巴德遗址） 10 索马里 11 肯尼亚		12 坦桑尼亚 13 印度（科罗曼德海岸的 阿里长曼陀古遗址） 14 阿富汗

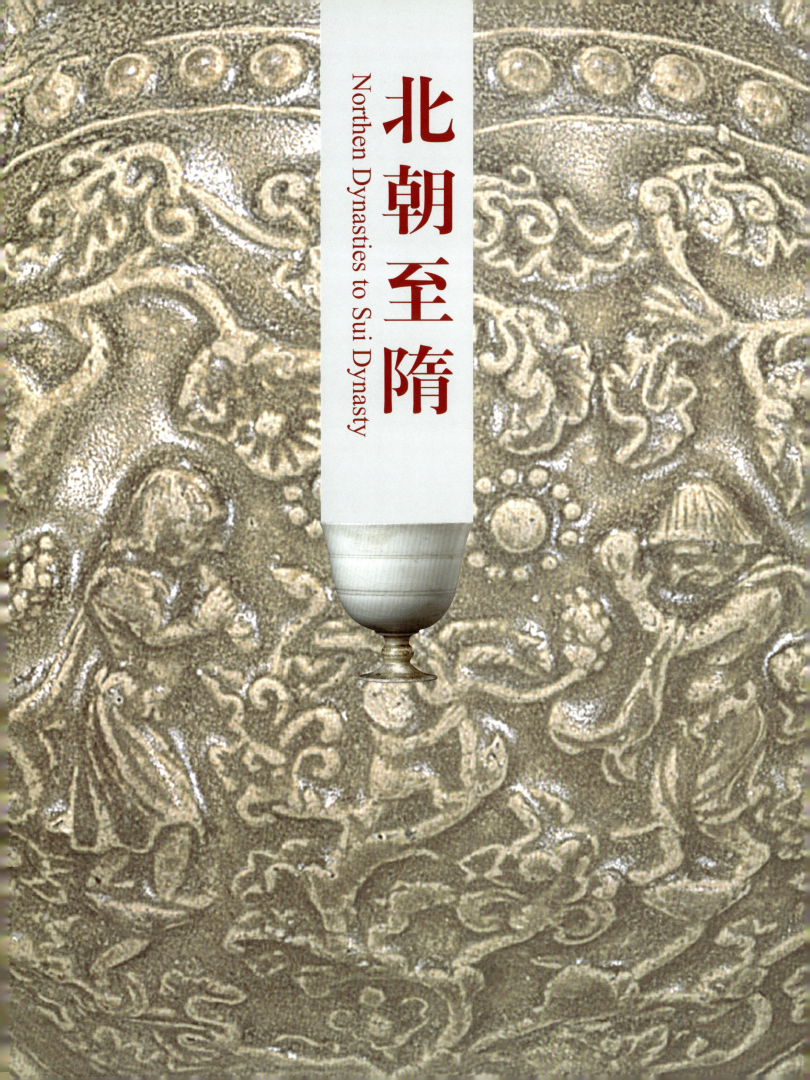

北朝至隋

Northen Dynasties to Sui Dynasty

北朝　青釉弦纹碗

Green glazed bowl Northern Dynasties

高 8.9 厘米　口径 13.7 厘米　足径 6.1 厘米

河北省临城县前留村采集

河北省临城县文物保管所藏

直口，深腹，沿下有两道弦纹，饼状实足外撇，足心微凹，底
足削棱一周。胎坚硬，色灰白，施黄绿透明釉，内满釉，器外
不及底，口部有干釉，釉面有小冰裂纹。内底有三支钉痕。

隋　青釉碗
Green glazed bowl Sui Dynasty
高 8.7 厘米　口径 12.6 厘米　足径 6 厘米
1973 年河北景县葛庄隋高潭墓出土
河北省文物研究所藏
敛口，深腹，圜底，内底有三个支钉。灰白胎，
施青釉，外壁施釉不到底，有泪痕，釉面有冰
裂纹，釉色泛黄。

北朝　青釉碗
Green glazed bowl Sui Dynasty
高 7.8 厘米　口径 12.4 厘米　足径 5.3 厘米
口微敛，弧腹，实足。胎白泛灰，较细腻，坚
硬。釉面光泽较好，积釉处呈草绿色，有开片，
较通透。器里外有两处深茄紫色釉斑，系烧窑
时其它物体滴落所致。

隋　白釉深腹碗
White glazed bowl Sui Dynasty
高 8.4 厘米　口径 8.4 厘米
陕西省西安市文物保护考古研究所藏
尖唇，敞口，深腹，饼状实足。胎灰白，有白色化妆土，
釉白中闪绿，有开片。

隋　白釉深腹碗

White glazed bowl Sui Dynasty

高8.4厘米　口径11.4厘米　足径4.4厘米

河北省邢台商都博物馆藏

尖唇，壁斜直，平足，底心内凹，底足削棱一周。胎白泛土黄，施白色化妆土。玻璃
釉，釉面光亮，表层气泡微有土浸，釉面有小开片。

隋　窑变青釉钵

Green glazed bowl Sui Dynasty

高9.8厘米　口径15.1厘米　底径5.5厘米

敛口，口沿有一道弦纹，弧腹，平底。胎体呈灰白色，较坚
硬。半釉，釉色青绿，由于釉面流动形成了均匀的花斑纹，极
为少见。

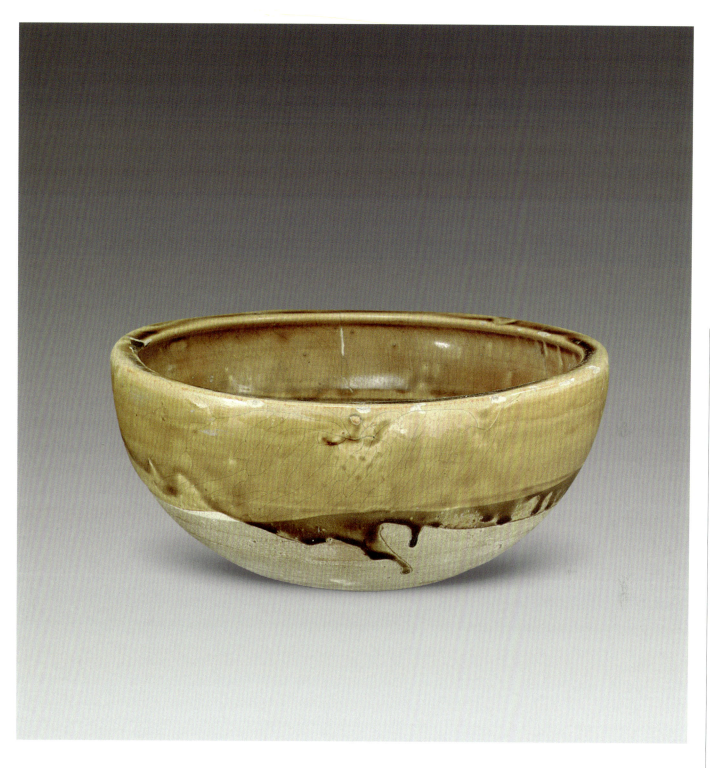

隋　青釉钵

Green glazed bowl Sui Dynasty

高14厘米　口径25.5厘米　底径8厘米

1984年5月河北省内丘县西关北遗址出土

河北省内丘县文物保管所藏

敛口，鼓腹，平底。造型丰美，线条流畅。胎质坚硬，色灰白，质稍粗。
釉较厚，色黄褐，器外施釉不及底。

隋　白釉钵

White glazed bowl Sui Dynasty

高 12 厘米　口径 12.5 厘米　底径 6.8 厘米

束口，丰肩，弧腹，圆底。器形硕大饱满，简洁实用。釉下施化妆土，胎质
灰白坚硬。肩及上腹部施白釉，釉色白净。

隋　青釉竖线纹鸡心罐
Green glazed Peat-shaped jar with incised vertical ribs Sui Dynasty
高 7.8 厘米　口径 4.1 厘米　足径 5 厘米
直口，圆唇，鼓腹，饼状实足微外撇，腹部刻竖线纹一周。胎表
呈赭石色，坚硬。半釉，釉光亮，色黄绿，有泪痕。

隋　白釉贴花四系小罐
White glazed small jar with rour lugs and sprigged reliefs
Sui Dynasty
高 4.7 厘米　口径 2 厘米　足径 1.6 厘米
平沿，颈肩部饰有四系及四个贴塑乳钉，饼足外撇。
器外施白釉不到底，釉色灰白，不光亮。

隋　黑釉小水盂

Black glazed pear-shaped jar Sui Dynasty

高7.8厘米　口径5厘米　底径4.4厘米　足高0.5厘米

1997年 6月河北省邢台市桥东区顺德路隋代窑址出土

河北省邢台市文物管理处藏

小口，溜肩，鼓腹，饼足微外撇。肩部有浅折棱一周，下腹部无釉处可见清晰双弦
纹。灰白胎，坚硬。器表施酱黑色釉不及底，釉面光洁度好，釉色发亮，口沿处釉
浅。

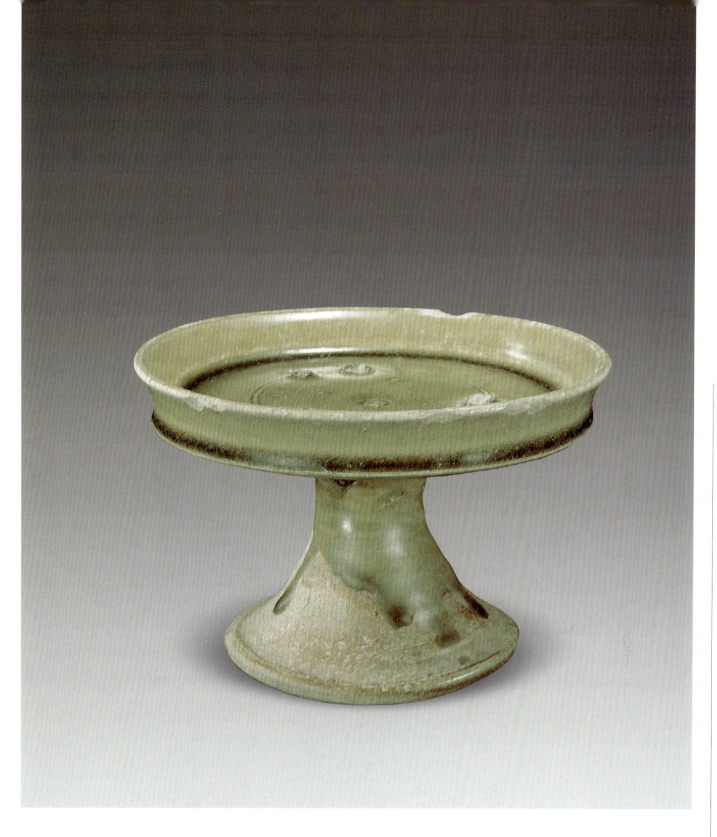

隋　青釉高足盘

Green glazed dish with hign stem Sui Dynasty

高 9.7 厘米　口径 14.7 厘米　足径 9.2 厘米

河北省临城县文物保管所藏

盘口外侈，下渐收，盘底处有一凸起弦纹，下为喇叭形高足。盘内底饰两道凹弦纹，
并有三支钉痕。胎质灰白坚硬，施青釉不及底，釉色青翠，有开片和流釉现象。

隋　白釉高足盘

White glazed dish with hign stem Sui Dynasty

高 6.1 厘米　口径 13.8 厘米　足径 8 厘米

盘为浅式，直口，平底，下为喇叭状高足。胎灰白致密。胎表施白色化妆土，不及底。
施半透明状白釉不到底，釉色白净润泽，有开片。

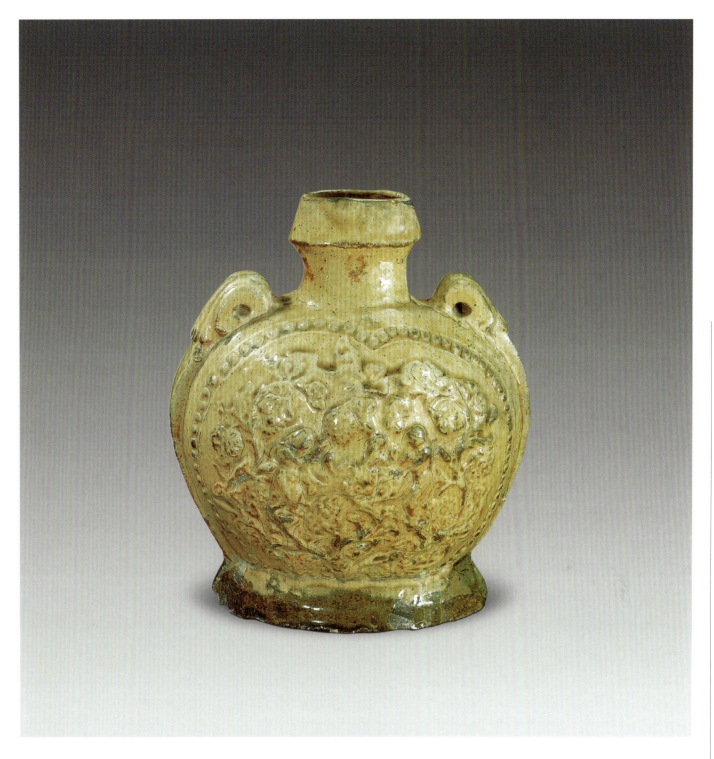

北 朝 至 隋

北朝至隋　黄釉双系印花扁壶
Yellowish glazed moulded pilgrim flask Northern Dynsaties and Sui Dynasty
高 21 厘米　口径 5 厘米　足径 14 厘米
1985 年 5 月河北省内丘县礼堂北侧中兴市场窑址出土
河北省内丘县文物保管所藏
口、颈、腹、底均呈扁圆形，宽唇扁嘴，束颈，圆形腹，足平底外撇，肩部置一
双鸳鸯系。两腹满饰印花图案，外饰联珠纹，内饰葡萄灵芝纹，中间一对舞人。
通体施黄釉，釉下挂白色化妆土，胎体厚重，较粗糙。

39

北朝至隋　酱釉双系印花扁壶
Reddish brown glazed moulded pilgrim flash Northern
Dynasties and Sui Dynasty
高24厘米　口径5.1厘米　足径13.8厘米
斜直口，宽唇，短颈，扁圆腹，平底足外撇。肩部有
两鸳鸯系，眼为穿，正反两面装饰印花图案，外饰联
珠纹，内饰葡萄灵芝纹。中间对立两个舞人。舞人下
树干上印一童子双手紧抓树干，这组图案可能是在表
现佛祖释迦出世的场面。图案较为清晰。通体施酱棕
色釉，不到底。

北朝至隋　橄榄绿釉舞乐纹扁壶
Olive Green glazed moulded pilgrim flask with dancing
figures Northern Dynasties to Sui Dynasty
高19.6厘米　口径5.6厘米　足径11.1厘米
河北省邢台商都博物馆藏
椭圆形扁口，方唇，短颈，双鸳鸯系，平足外撇。腹
两侧各印有两人，深目高鼻，身穿西域服饰，肩上披
有一飘带。右侧吹奏竖管乐器，左侧双手持一莲状物
与头举齐。二人分别脚踏莲子。上施釉青黄如橄榄绿，
釉晶莹光润。

北朝至隋　青釉印朱雀葡萄纹双系扁壶

Green glazed moulded pilgrim flask with zhu que among vines Northern Dynasties and Sui Dynasty

高22厘米　口径7.5厘米　足径16厘米

1973年河北省栾城县出土

河北省石家庄市博物馆藏

扁圆口，束颈，肩置双鸳鸯系，平足外撇。两面均印有一只展翅欲飞的朱雀，四周为变形的葡萄纹，外缘随形装饰一圈联珠纹，造型稳重大方。胎体厚重坚硬，色灰白，通体施黄釉，釉光亮。

北朝至隋　黄釉印花双系扁壶

Yellwoish glazed moulded pilgrim flask Northern Dynasties to Sui Dynasty

高25.4厘米　口径5.6厘米　足径16厘米

斜直口，平唇，颈稍长，扁圆腹，平足外撇。肩部有两鸳鸯系，正反两面满饰印花图案，外饰联珠纹，内饰葡萄灵芝纹。中间一对舞人，下有一对兽。该壶模制精细、清楚。釉色浅土黄，釉下挂白色化妆土，积釉处酱褐色，润泽如脂，浑散流淌。

北齐至隋　白釉印花双系扁壶
White glazed moulded pilgrim flask Northern Qi and Sui Dynasty
高22厘米　口径5.3厘米　足径12.8厘米
宽圆唇，长直颈，肩有一对穿鸳鸯系，扁圆形腹，腹面有凸起的葡萄纹，枝上落
一朱雀，展翅欲飞。平底足外撇。器内外施化妆土，化妆土外施白釉，釉色乳白，
光亮度较差。

北朝 青釉覆莲纹四系罐

Green glazed jar with four lugs and pendant lotus petdl band Northern Dynasties

高22厘米 口径10.3厘米 足径10.2厘米

直口，肩置双泥条四系，系下有一0.6厘米宽的凸弦纹，下腹刻一凸起的覆莲纹。饼状实足，足心微凹并削棱一周。造型凝重大方，是早期北方青瓷的典型器物。胎坚硬，色土灰，半釉，釉色青翠厚重，呈半透明玻璃状，釉布满开片纹，流釉较重。

隋 黑釉双系罐

Black glazed jar with doulde lugs Sui Dynasty

高14厘米 口径6.2厘米 足径6.6厘米

2002年2月河北省邢台市粮库隋墓出土。

河北省邢台市文物管理处藏

平口，丰肩，下腹略鼓，置弦纹一道，平底足微凹，肩部置双圆条双系。胎灰白质坚，稍粗，色灰白。器身施黑釉不到底，釉面较光亮。

隋　青釉三系罐

Green glazed jar with three lugs Sui Dynasty

高 27.5 厘米　口径 7 厘米　足径 8.7 厘米

河北省临城县磁窑沟隋墓出土

河北省临城县文物保管所藏

器形体较大，斜直口，平肩，肩分置三个双泥条系，鼓腹，饼状实足。

胎质坚硬，稍粗。施半釉，釉色青绿，有开片，釉下不见化妆土。

隋　白釉多足瓷砚
White glazed inkslab Sui Dynasty
高7.4厘米　砚面直径20.3厘米　足径24.2厘米
河北省邢台商都博物馆藏
砚面内微凹，外有深凹的水槽。下面由等距离排列的27个兽足组成
圈足。胎灰白坚硬，施化妆土，通体施白釉，釉干净透明，有开片，
积釉泛黄，底内显圆形支烧痕。

隋 白釉多足瓷砚

White glazed inkslab Sui Dynasty

高9厘米 砚面直径28.2厘米。

1988年河北省内丘县西关北窑址出土

河北省文物研究所藏

粗白瓷，砚面微凸，外为一周凹槽，下置约30个兽形足。胎坚硬，色灰白，釉下施
化妆土，化妆土有大裂纹。通体施白透明釉，釉白中泛绿。

隋　白釉盘口瓶

White glazed jar with dished mouth Sui Dynasty

高 13.5 厘米　口径 8.5 厘米　足径 10.5 厘米

1992 年 8 月河北省内丘县北街实验小学出土

河北省内丘县文物保管所藏

盘口外侈，束颈，溜肩垂腹，平底。粗胎，胎色灰白坚硬。通体施白釉，釉下挂白色化妆土，釉莹润光亮，施釉不匀，有流釉现象，釉面多有开片。

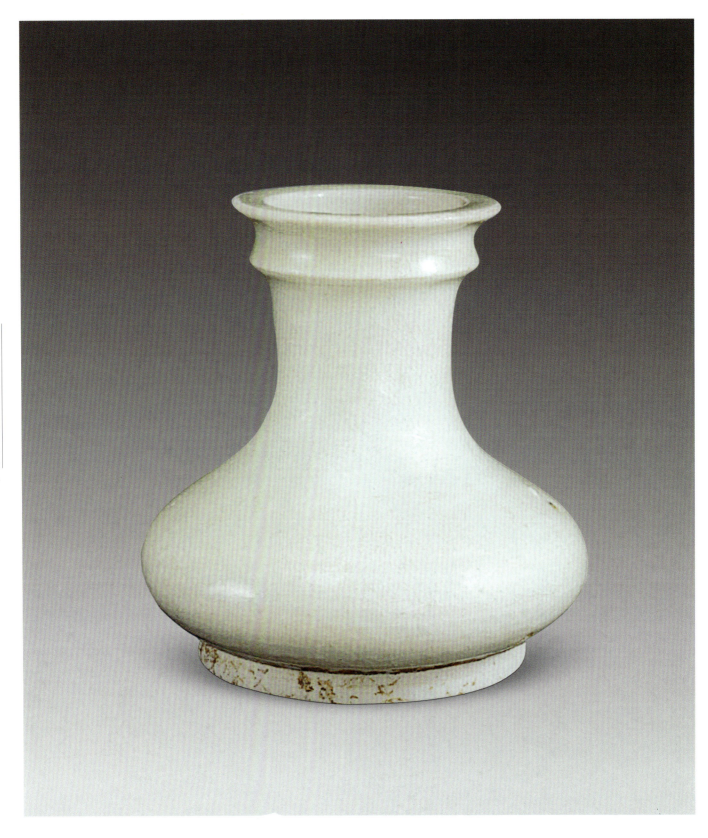

隋 白釉盘口瓶

White glazed jar with dished mouth Sui Dynasty

高 12.2 厘米　口径 7 厘米　足径 9 厘米

盘口，高束颈，扁圆腹，圈足底。胎坚白致密，有透光感。通体施白釉，
釉光洁莹润，施釉均匀，釉层较厚，有开片。

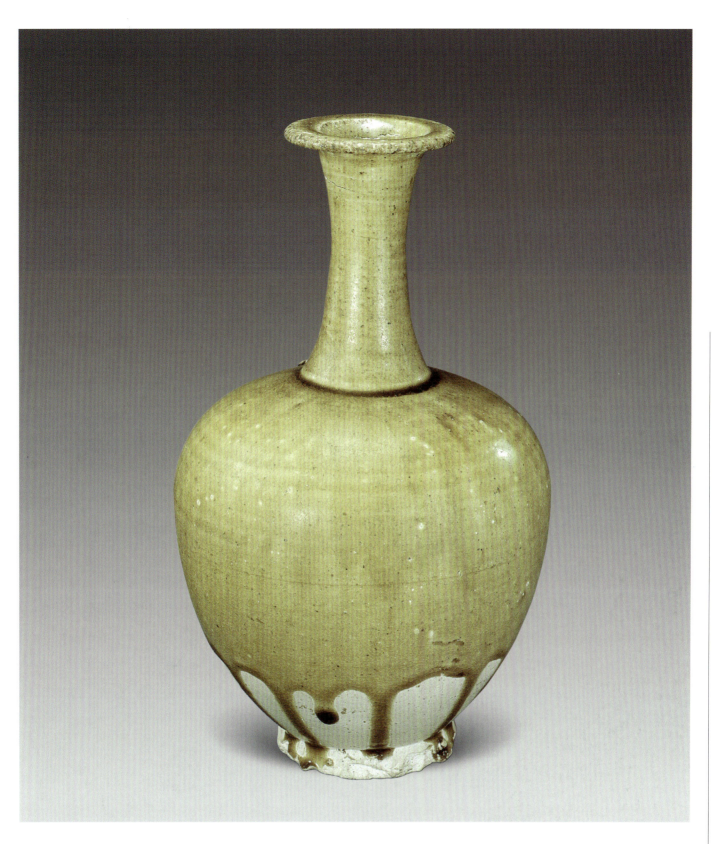

隋　黄釉长颈瓶

Yellowish glazed vase with tall slenver neck Sui Dynasty

高 24.8 厘米　口径 6.1 厘米　足径 7.1 厘米

小板口沿，长颈丰肩，腰呈圆形，饼状实足。胎白泛灰，细腻坚硬。不
施化妆土，釉色赭黄，釉薄处透胎色，积釉处赭黄。

隋　白釉盘口瓶
White glazed vase with dished mouth Sui
Dynasty
高 28 厘米　口径 7.5 厘米
1986 年河北省内丘县城东关隋墓出土
河北省内丘县文物保管所藏
盘口，短颈，溜肩，长圆腹，饼状实足。
胎灰白。通体施白釉不到底，釉色泛
黄绿，光亮度稍差。

隋　黄釉钵口瓶

Yellowish glazed vase with bowles mouth Sui Dynasty

高18.1厘米　口径2.2厘米　底径6.1厘米

河北省内丘县文物保管所藏

钵口，卵形腹，平底。胎质灰白坚硬，质粗。施黄釉
不及底，釉面不甚光亮。

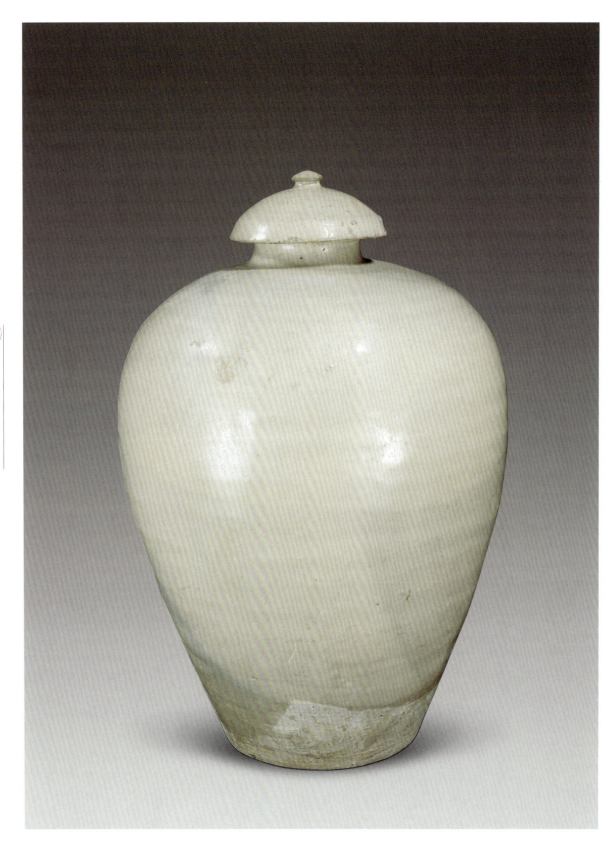

隋　白釉深腹盖罐

White glazed jar and lid Sui Dynasty

通高 47 厘米　口径 9.8 厘米　底径 16.5 厘米

小口带盖，盖尖钮，锅盖状，盖下无釉。短颈，丰肩，腹瘦长，实足平底。
胎色灰白，质粗。釉莹润光泽，釉色泛黄，釉下施有化妆土，施釉不到底。

隋　白釉束腰盖罐

Trumpet-shaped jar and lid in white glaze Sui Dynasty

通高 16.9 厘米　口径 9.3 厘米　底径 12.4 厘米

1954 年陕西省西安市郭家滩出土

中国国家博物馆藏

侈口，上有子口，深腹，腹中部束腰，平底，带盖。盖呈僧帽形，口唇周边上卷，弧顶，中央有一宝珠形钮。器身内外施白色釉，底和盖里无釉，釉下施白色化妆土，胎色洁白纯净，胎质坚硬，釉色光泽莹润，玻璃感强，通身有细小冰裂纹。此器造型独特别致，庄重大方。

隋　白釉束腰盖罐
Trumpet-shaped jar and lid in white glaze Sui Dynasty
高 12.5 厘米　口径 12 厘米　底径 18 厘米
1954 年陕西省西安市郭家滩姬威墓出土
陕西历史博物馆藏
器形如尊，束腰，底径略大于口径而与盖径相同。盖沿外侈，中部
圆鼓如覆盆形，钮缺失。罐身口沿与底沿上各阴刻一周弦纹。胎白
质细，器身内外施白釉，略泛黄色，釉面有冰裂纹。

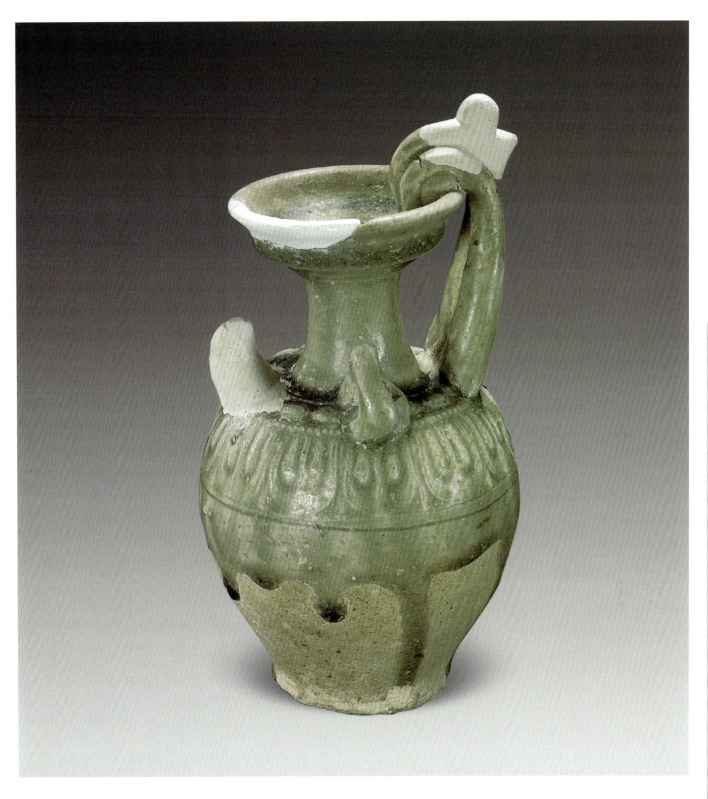

北齐至隋　青釉双系莲纹龙柄盘口壶

Green glazed ewer with dished mouth and lotus petal decoration Northern Qi to Sui Dynasty

高17.5厘米　口径6.2厘米　底径5.1厘米

盘口外侈，圆唇，细颈，深腹，腹向下渐内收，近底部又微外撇，平底，肩至腹上部施
联珠、莲瓣纹饰。肩的后部向上伸出一柄，柄端作龙首，为两泥条合成，肩的左右各有
一桥形系。胎灰白坚硬，施青釉至腹部，有流釉，下腹至底无釉。此器装饰和造型具有
北朝后期的风格，极为罕见。

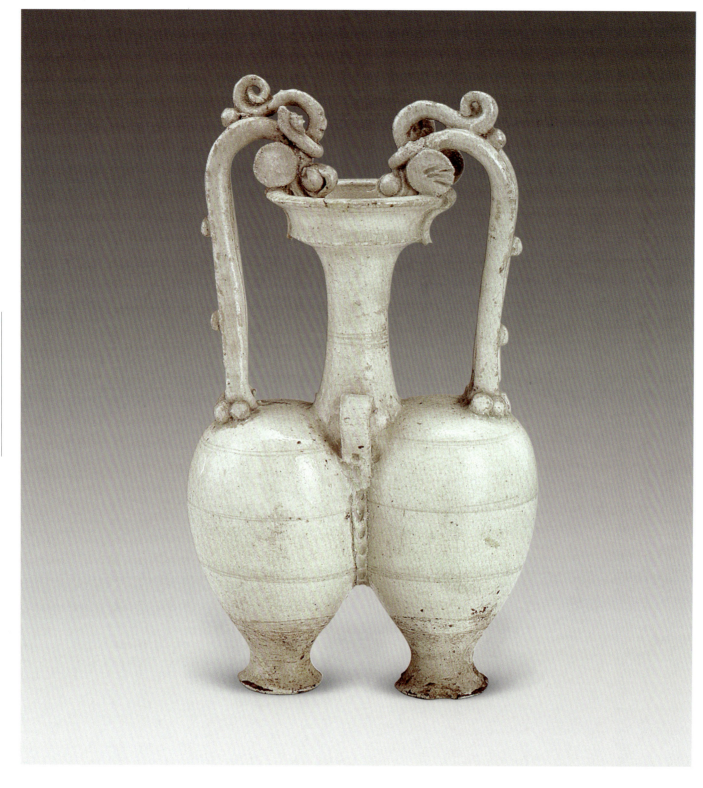

隋 白釉双龙柄联腹传瓶
White glazed amphora Sui Dynasty
高18.5厘米 口径5.2厘米 底径2.5厘米
天津市博物馆藏
盘口，单颈，双腹，双平底，肩部塑制两个修长的龙形柄。龙头探进壶口，口衔瓶沿，如同在吸吮
瓶中美酒。与两个联腹配置在一起，造型新颖别致，是隋代独有的形制。底刻"此传瓶，有并"。
胎体灰白，白釉下施有化妆土，釉不到底，釉面白净细润。这件传瓶代表了隋代白瓷最高水平，与
陕西省西安市李静训墓出土的"白釉龙柄壶"形制极为相似。

隋　白釉双系鸡首壶

White glazed cock-head ewer with double lugs Sui Dynasty

高 26.5 厘米　口径 5.9 厘米　底径 7 厘米

1957 年陕西省西安市李静训墓出土

中国国家博物馆藏

盘口，细颈，颈部饰凸弦纹两周。丰肩，自肩以下腹壁逐渐内收，平底，外侈，肩部向前伸出一鸡首，高冠圆目，张口作啼鸣状，颈上有印痕以饰羽毛。肩的后部向上伸出一柄，柄端作螭首，张口衔壶之盘口，柄为两条形合成。肩的左右各有一系，作双瓣重合形，下作一圆柄饰。肩与头部相交处有凸弦纹一周，腹部饰凹弦纹两周。胎坚细洁白，施白釉，近底部及底无釉，釉光润，有细小冰裂纹。

隋　白釉长颈瓶

White glazed vase with tall slender neck Sui Dynasty

高25厘米　口径7.2厘米　足径6厘米

陕西省西安市长安区出土

陕西省考古研究所藏

平沿撇作喇叭状，细颈，溜肩，腹圆较长，实足平底。颈肩有一凸
弧纹，造型美观大方，线条流畅，胎灰白，做工规矩，削旋痕明显。
釉白中泛青绿，釉面开片细碎。

隋　白釉盘口瓶

Dish-mouthed vase in white glaze Sui Dynasty

高25.2厘米　口径7.3厘米　足径8.5厘米

盘口，短颈，溜肩，鼓腹，较丰满，平底。半釉，釉下施白色
化妆土，釉莹润，有细小开片，釉色白中泛绿色。

隋 白釉盘口瓶

Dish-mouthed vase in white glaze Sui Dynasty

高26.3厘米 口径6.3厘米 底径8厘米

盘口，短颈，溜肩，瘦长腹，平底。胎质坚硬，器外施化妆土
不及底，半釉，釉色光亮莹润，有开片。

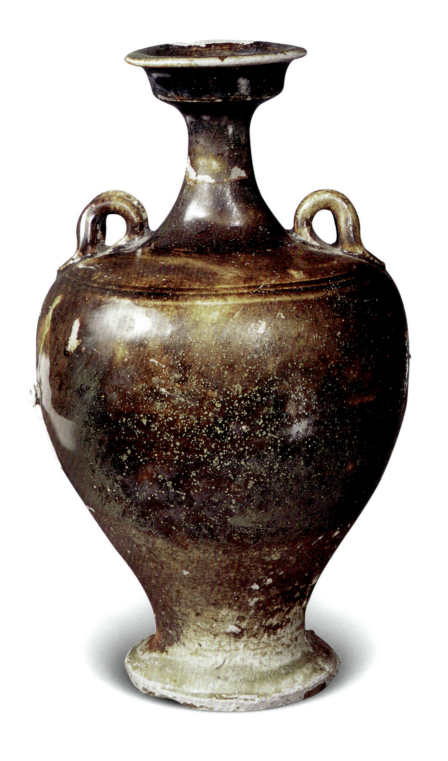

隋　黑釉盘口双系瓶
Black glazed vase with dished mouth and double lugs Sui Dynasty
高20.4厘米　口径5.6厘米　底径6.8厘米
1997年6月河北省邢台市桥东区顺德路窑址出土
河北省邢台市文物管理处藏
小盘口，平沿，尖圆唇，束颈较长，广圆肩，肩部贴两个环形双泥条系。弧腹，腹下渐内收，饼足外撇，底足内凹。胎灰白，器表施黑釉至下腹部，釉色浅处酱黄，肩部有弦纹两周。胎底有火石红现象。

千
年
邢
窑

隋 白釉长颈瓶

White glazed vase with tall slender neck Sui Dynasty

高 11 厘米　口径 3.4 厘米　足径 3.6 厘米　足高 0.9 厘米

1997 年 6 月河北省邢台市桥东区顺德路窑址出土

河北省邢台市文物管理处藏

平口，圆唇，长颈，鼓腹，弧肩，饼足外撇。灰白胎，施釉至下腹，釉色白中泛青，积釉
处青绿，有细小冰裂纹。胎局部有火石红现象。

隋至唐　白釉钵口瓶

White glazed vase with bouled mouth Sui to Tang Dynasty

高 25 厘米　口径 5 厘米　底径 10 厘米

河北省内丘县西关村出土

河北省内丘县文物保管所藏

敛口钵形，束颈，丰肩，鼓腹下微内收，平底。胎质粗，较坚硬，色淡灰。施白色透明釉，釉白中微微泛绿，釉下挂化妆土。

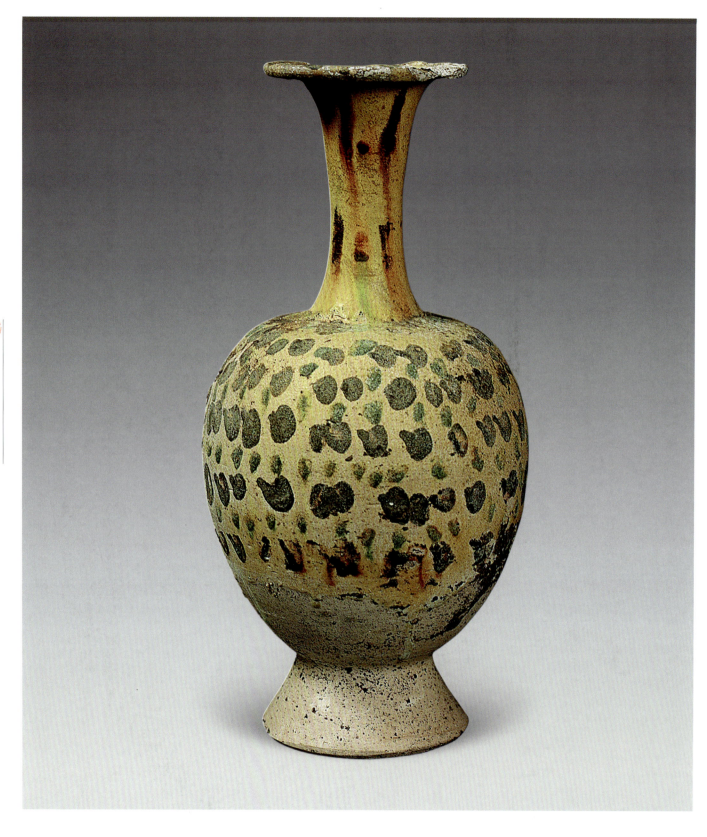

隋　三彩长颈瓶

Pdychrome glazed vase with tall slender neck Sui Dynasty

高 29.3 厘米　口径 8.6 厘米　足径 9 厘米

平口，长颈，圆腹，底足较高，圈足。做工较精细，造型美观大方。
胎质较细，色显粉红，系生烧所致，颈部釉光较好，腹下釉干涩。
釉色以淡黄为底，分别点有褐、绿两种彩。

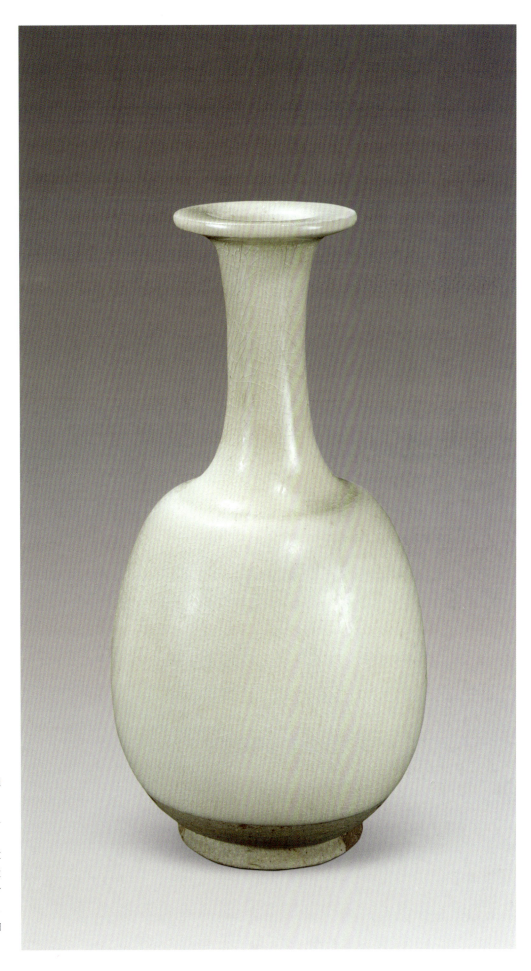

隋 白釉长颈瓶
White glazed vase with tall
slender neck Sui Dynasty

高17厘米 口径4.6厘米 足
径5.1厘米

平口，细长颈，卵形腹，饼状
实足，足微外撇。做工精致，造
型规整。胎灰白，坚硬。器身
通体施白釉不到底，釉光亮，
有细冰裂纹，玻璃质感强，釉
色泛水绿色。

隋 白釉高足杯

White glazed stem cup Sui Dynasty

高 9.1 厘米 口径 8.8 厘米 足径 4.6 厘米

陕西历史博物馆藏

杯为深腹，杯腹有双线弦纹两周，细足柱，底作喇叭状扣形。造型精美。胎洁白细腻，
体轻质薄，通体白釉匀净，积釉处略泛青，有横向细长开片。

隋　鹦鹉形杯
Parrot-shaped cup Sui Dynasty
高10.5厘米　长14厘米
1988年河北省内丘县西关北遗址出土
河北省文物研究所藏
鹦鹉作仰身状，头内勾，尾部下置孔，通向杯内，杯系由两翅合拢而成，壁较薄，造型生动别致。胎粉白，通体施白色透明釉，釉面光亮，有开片，釉色白中泛浅绿。

隋　青釉弦纹高足杯

Green glazed stem cup with wheel-cut groove Sui Dynasty

高9厘米　口径10.3厘米　足径5.3厘米。

1986年3月河北省内丘县礼堂北窑址出土

河北省内丘县文物保管所藏

尖唇，弧腹，腹上、下各有一道弦纹，高足，底为饼状，底心内凹。胎呈浅青灰色，
釉淡青色泛绿，光亮但不平滑，呈轻微橘皮状。

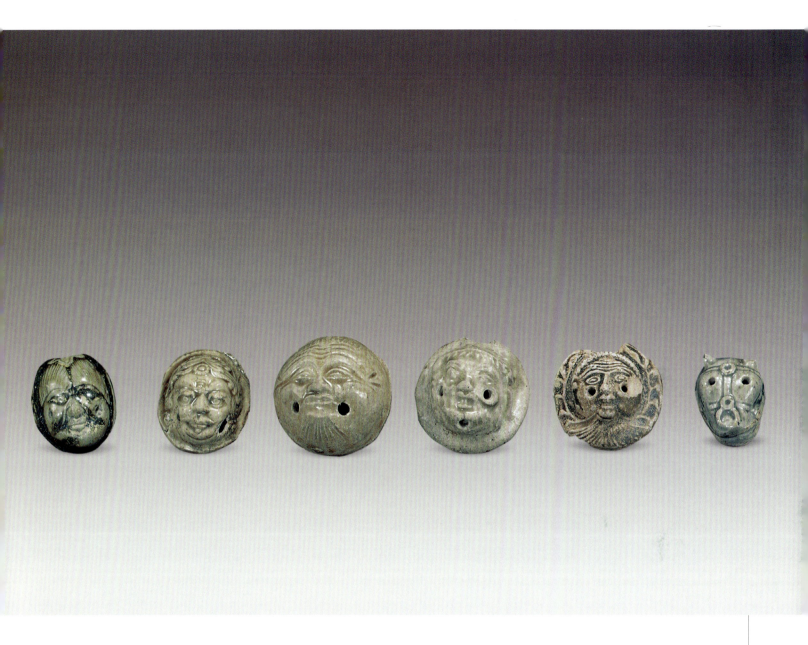

隋末唐初 埙

Musical Instrument xun From the end of sui to the beginning of Tang Dynasty

直径分别为 5.6、5.8、6.3、6、5.5、5 厘米

河北省内丘县城关窑址出土

河北省内丘、临城县文物保管所藏

模压印成型，多为胡人脸纹和兽面纹，有三孔和四孔之分。多施黄釉或青釉。灰白胎，釉面一般较光亮。吹奏声音响亮，尤其四孔者，可吹奏出简单曲谱，十分难得。

隋 黑釉瓷高足尖顶桃形器

Black glazed stem vases in the form of garlic

从左向右分别高41.4、21.3、21、20.3、19.7、14厘米

1997年6月河北省邢台市桥东区顺德路窑址出土

河北省邢台市文物管理处藏

上方为细长尖柱状顶，中腹部如桃形扁鼓，下接中空的高喇叭筒形足。有的腹部有三个孔。此器目前仅见，可能是佛教建筑上的构件或饰件。

隋　瓷锤
Black glazed stonewarehammber Sui Dynasty
高 7.15 厘米　底边长 3.4 厘米
1997 年 6 月河北省邢台市桥东区顺德路窑址出土
河北省邢台市文物管理处藏
近似长方形，顶端内收，灰白胎，局部施黑釉。锤体有一圆穿。

隋　"马全"款青釉权
Green glazed weighting apparatus inscribed "马全"
magucm
高 13 厘米　底边长 11.7 × 10.5 厘米
梯形，平面呈方形，上置中孔，孔下正面刻有"马全"
二字，侧面分别刻有"马全"和"自用"字样。胎质
坚硬，胎色灰青，通体施豆青釉，有剥釉现象。目前
仅发现一件，非常难得。

唐至五代

Tang Dynasty to Five Dynasties

唐 黄釉碗

Yellowish glazed bowl Tang Dynasty

高 6.4 厘米　口径 17.7 厘米　足径 8.3 厘米

河北省邢台商都博物馆藏

敞口，饼状实足。胎色灰白，胎质坚硬，胎体厚重，施白色化妆土，外半釉。釉色由上而下为浅黄、深黄、赭黄至褐色，色阶多变，釉光润无开片。

唐　白釉圈足折腰碗
White glazed bowl Tang Dynasty
高5.3厘米　口径16.3厘米　足径8.3厘米
1980年陕西省西安市东郊国棉五厂出土
陕西省考古研究所藏
口沿外撇，弧腹折腰，圈足。胎白净细腻，釉白中泛绿。口沿局部有开片。

唐 白釉玉璧足碗

White glazed boul with foot-ring and thickened lip Tang Dynasty

高 4.7 厘米　口径 15.6 厘米　足径 6.7 厘米

20 世纪 70 年代河北省邢台市唐墓出土

故宫博物院藏

敞口，反唇，瘦底，璧形底足。釉色莹润，白中泛青。内外满釉，
足无釉。是唐代邢窑的优秀作品。

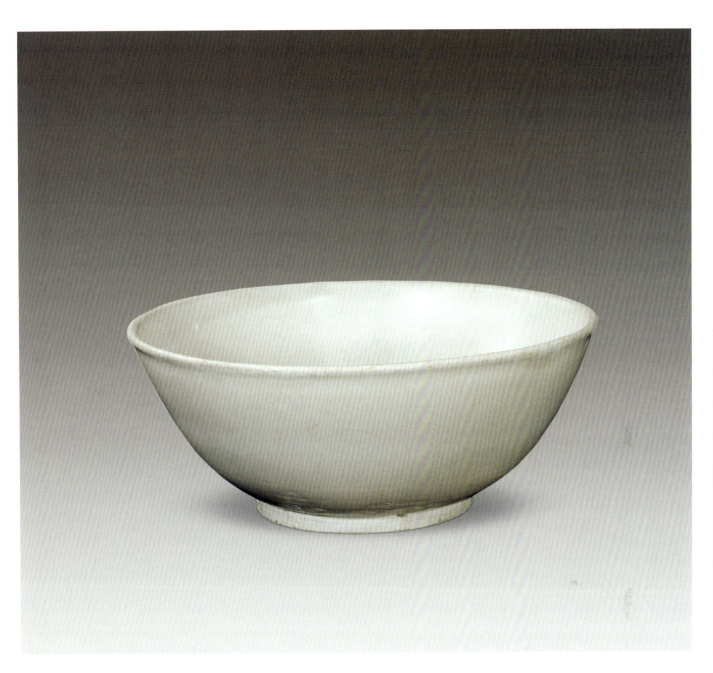

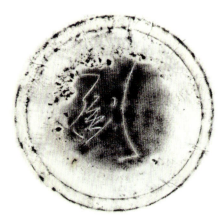

唐 白釉"刘"字款圈足碗
Grey White glazed bowl inseribed Liu "刘" Tang Dynasty
高3.6厘米 口径8厘米 足径4.7厘米
河北省邢台商都博物馆藏
敞口，小唇沿微侈，浅腹，宽圈足，足底阴刻一"刘"字。胎体坚细洁白，通体施白釉，釉白中泛青。

唐 白釉"药"字款花口碗

White glazed bowl inscribed Yao "药" Tang Dynasty

高 5.3 厘米　口径 14 厘米　底径 6.3 厘米

花瓣口，鼓腹，玉璧形足。璧底上阴刻一"药"字。胎细白致密。通体施白釉，釉色白中泛青，玉璧底有芒。此器造型美观，可能为宫廷订烧器，目前仅见一例。

唐　白釉"李弁"款碗

White glazed bowl inscribed Li-bian "李弁" Tang Dynasty

高4.5厘米　口径14.7厘米　足径6厘米

侈口，圆唇，斜直腹，玉璧底足，器内阴刻"李弁"二字。细白胎，较坚硬，器内外施白釉，釉面洁净，色白中泛青。近底部有缺釉现象，玉璧底足无釉，底心有釉。

唐 白釉"盈"字款圈足碗

White glazed bowl inscribed Ying "盈" Tang Dynasty

高 4.2 厘米 口径 13.8 厘米 足径 6.8 厘米

敞口，口沿圆润光滑，浅弧腹，腹壁内斜收，圈足。胎质坚硬，细腻白净，釉
色白中泛青，釉质莹润。

唐　白釉"解"字款碗
White glazed bowl inscribed Xie "解" Tang Dynasty
高3.8厘米　口径12.3厘米　足径6.2厘米
敞口，弧腹，圈足，底阴刻"解"字。胎坚硬洁白，细如脂膏。通体施白釉，釉白中泛水绿色，光亮。

唐　白釉敛口深腹碗

White glazed bowl Tang Dynasty

高 7 厘米　口径 12.5 厘米　足径 5.7 厘米

1994 年江苏省扬州市四望亭南段怡园工地采集

江苏省扬州市博物馆藏

敛口，碗壁至足稍带弧度呈喇叭状，圈足偶露胎色。胎骨坚实致密，
胎色洁白，修坯规整。釉莹润，色白中泛绿。

唐 白釉"盈"字款瓣口碗

White glazed lobed bowl inscribed Yijng "盈" Tang Dynasty

高7.6厘米 口径23.4厘米 足径11厘米

河北省邢台商都博物馆藏

侈口，唇外折，器口呈莲瓣形，弧腹，平底，圈足。胎质较细。器表施白色釉，釉面匀净，色微泛黄，光泽莹润。

唐　白釉"盈"字款莲花形斗笠碗
White glazed lobed bowl inscribed Ying "盈" Tang Dynasty
高 4.4 厘米　口径 11 厘米　足径 3.8 厘米
口微外撇，呈斗笠形，圈足外撇，足心阴刻"盈"字款。胎质坚细洁
白、壁薄，釉色白中泛黄。此碗仿金银器，造型消瘦，做工精致，足
底旋削规矩，较为难得。

唐　白釉"盈"字款花口盌

White glazed lobed bowl inscribed Ying "盈" Tang Dynasty

高3.8厘米　口径11.3厘米　足径5.6厘米

侈口，口沿五曲，口内以下有凸棱，圈足。足内釉下阴刻"盈"
字款。通体施白釉，釉色偏黄，釉面莹润光亮。

唐 白釉葵口碗

White glazed lobed bowl Tang Dynasty

高 3.9 厘米　口径 12.6 厘米　足径 5.5 厘米

口腹呈葵瓣形，敞口，弧腹，圈足。胎质细腻，釉白净光润。

此器形象鲜明，含蓄自然，线条流畅。

唐　白釉四瓣口盏托
White glazed bowl with thicken lip
高 3.2 厘米　口径 14.4 厘米　足径 5.5 厘米
2002 年 8 月河北省邢台市邢台旅馆唐墓出土
河北省邢台市文物管理处藏
器圆如盘状，中间有一周凸起的托口，中心下凹，外板沿，浅腹，圈足，胎体细白，通体施
白釉。此器造型规整精巧，优美典雅，釉色洁白莹润。

唐 白釉"盈"字款海棠碗
White glazed lobed bowl inscribed Ying "盈" Tang Dynasty
高 3.1 厘米　口长 10.4 厘米　口宽 8.1 厘米　底高 1.4 厘米　足长径 6.8 厘米
河北省内丘县西永安唐墓出土
河北省内丘县文物保管所藏
葵花口，器呈椭圆形，似一朵盛开的海棠花，椭圆形高圈足，底阴刻"盈"字。胎体
细腻坚硬，釉色白中泛黄。

唐　白釉圆底盘
White glazed plate with flat base Tang Dynasty
高2.9厘米　口径13.6厘米
小唇沿，敞口，坦底。内外施满釉，胎体坚硬洁白。釉面洁
白匀净，此器造型独特，是一件不可多得的邢窑精品。

唐　白釉三足盘

White glazed plate with three feet Tang Dynasty

高 3.5 厘米　口径 15 厘米

1978 年河北省临城县中羊泉村唐墓出土

河北省文物研究所藏

敞口，唇外卷，浅盘形，三兽形矮足外撇。细白胎，通体
施白釉，釉色泛青，盘外底中心部位无釉。

唐　白釉四出花口盘
White glazed lobed plate Tang Dynasty
高 3.2 厘米　口径 17.4 厘米
撇口，折腹，圈足，口沿刻四花口。花口斜壁有对称内凸外凹纹，
造型新颖而规整。胎洁白坚细，釉面光亮润泽。

唐　白釉葵花口盘

White glazed lobed plates Tang Dynasty

左：高2.8厘米　口径14.7厘米　底径9.8厘米

右：高2.5厘米　口径14.8厘米　底径10.5厘米

陕西省西安市南郊刘家庄村出土

陕西省西安市文物保护考古研究所藏

左：斜直腹，平底，外壁口下有压痕。胎色灰白，釉色白中泛青，"盈"字是施釉后刻上去的。

右：斜弧腹，平底，盘内壁施釉前印有花状纹饰，内壁底用每组双线条向外辐射，接近腹壁时呈"Y"状，每组四线条向外辐射，其线条色白于周围釉色。胎体白色，质细，中有气孔，其外壁底为施完釉后再刮削露胎，胎坚细，釉色白中泛绿。

唐 白釉"盈"字款花口盘

White glazed lobed plate inscribed Ying "盈" Tang Dynasty

高2.6厘米 口径13.3厘米 底径6.7厘米

莲花瓣形口，斜壁，平底，底心阴刻"盈"字款。胎坚细，施白釉，釉色白中泛青，盘内粘带窑具。

95

唐　白瓷"官"字款三尖瓣碟
White glazed lobed dish inscribed Guan "官" Tang Dynasty
高 2.9 厘米　口径 11.7 厘米　足径 5.9 厘米
1985 年 3 月陕西省西安市北郊火烧壁出土
陕西历史博物馆藏
盘口为三瓣花形，浅腹，圈足，足底有一"官"字，是在施釉后未烧
前刻划的。此器胎薄致密，色白，内外施满釉，釉色白中泛青，细腻
莹润，洁净如玉，器形小巧精美。

唐 白釉"官"字款三瓣莲花碟

White glazed lobed dish inscribed Guan "官" Tang Dynasty

高3.8厘米 口径11.7厘米 足径5.5厘米

河北省邢台商都博物馆藏

此盏由三个莲花瓣组成，口沿刻有两道阴文边饰。圈足内底心刻"官"字款。胎白细腻，壁较薄。满釉，足内釉不均匀，积釉微泛黄，是烧制温度偏低所致。

唐 白釉"盈"字款风炉托

White glazed stand of burner inscribed Ying "盈" Tang Dynasty

高 7.7 厘米　口径 9.3 厘米　盘口径 15.5 厘米　足径 6.7 厘米

河北省邢台商都博物馆藏

上部为筒形，上大下小，中间有四个花瓣形镂空，一是装饰，二是煮茶取火便于空气流通。下部是菱形葵口四抽筋托盘，做工精巧灵丽，内外满釉，积釉处气泡有土浸。足内釉下刻"盈"字款。胎釉烧制温度和前页"官"字款三瓣莲花盏一致，为晚唐邢窑的精品。

唐　白釉花瓣形托盏
White glazed lobed bowl and stand Tang Dynasty
高 4 厘米　口径 10 厘米　足径 3.6 厘米
盏挤压呈四瓣花形，托卷起五瓣花形，胎体较薄，盏底有弦纹。胎
坚细洁白，施白色半透明釉，积釉略泛青。

唐　"张"字款白釉带托盏
White glazed tea bowl and stand inscribed Zhang "张" Tang Dynasty
高4.5厘米　口径10.8厘米　底径4.8厘米
1985年河北省临城县东街砖厂刘府君墓出土（唐大中三年）
河北省临城县文物保管所藏
盏与托连为一体，盏壁呈弧形，托沿捏制为四瓣莲口式，平底。足
露胎，余皆通体施白釉，釉色白中泛黄，面有细小冰裂纹。胎坚硬，
底阴刻简体"张"字。

唐 白釉"盈"字款五出带流盏
White glazed lobed bowl with a spont inscribed Ying "盈" Tang Dynasty
高3.6厘米 口径9.6厘米 足径4.5厘米
撇沿，葵口，有瓦形流，沿面一圈刀刻有网格状纹饰，内带四条抽筋，深圈足，底心阴刻"盈"字款。胎坚硬细白，通体施白釉，釉面光亮，釉色白中泛淡青，造型别致。

唐　白釉高足杯
White glazed stem cup Tang Dynasty
高 4.8 厘米　口径 9.4 厘米　足径 5 厘米
2002 年 2 月河北省邢台市粮库唐墓出土
河北省邢台市文物管理处藏
圆唇，口外侈，腹微鼓，细柄高实足。胎质细白坚硬，
通体施白釉，釉质纯净，洁白而光滑，施釉较厚，有积
釉现象，积釉处釉色泛绿，呈现微小气泡。

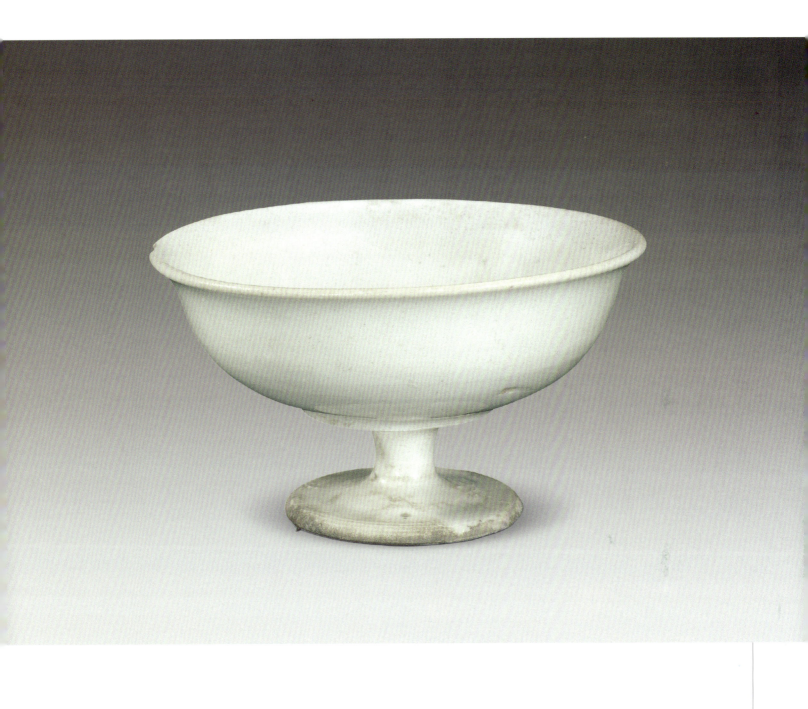

唐 白釉高足杯
White glazed stem cup Tang Dynasty
高5厘米 口径8.5厘米 足径4.3厘米
1971年5月河北省内丘县新城唐墓出土
河北省内丘县文物保管所藏
圆唇外侈，弧腹，细柄高实足，底心微凹。胎质坚细而洁
白，通体施白釉，釉光亮匀净，釉色白中泛青绿。

唐 黑釉高足杯
Black glazed stem cup Tang Dynasty
高 8.1 厘米 口径 12 厘米 足径 6.7 厘米
河北省邢台商都博物馆藏
扁沿，侈口，弧腹，高实足，足心微凹。灰白胎，质稍粗坚硬。通体施黑
褐色釉，釉面润泽，杯周身布满茶叶沫状斑点。

唐 白釉三足杯

White glazed cup with three feet Tang Dynasty

高4.5厘米 口径10.2厘米 底径5.5厘米

1986 河北省内丘县金店镇东张麻村出土

河北省内丘县文物保管所藏

杯口外侈，直腹，腹下收，三兽足。胎致密坚硬，通体施白釉，釉色光洁莹润，微泛土黄。

唐　白釉圈柄杯

White glazed cup with looped handle Tang Dynasty

高 7.7 厘米　口径 10.5 厘米　足径 4.7 厘米

1957 年河南省陕县湖滨区出土

中国国家博物馆藏

圆唇侈口，深腹，腹壁由口沿向下收，近底处有折棱，矮圈足。腹壁一侧有双条盘卷圈柄，腹中部饰凹弦纹三周。胎壁较薄，胎质细腻，器表施白色釉。因长期土蚀，器身下端留有污痕。

唐　白釉三乳足把杯
White glazed three-feet cup with handle Tang Dynasty
高3.8厘米　口径9.5厘米
弯把，撇沿，底置乳钉状三足，造型新颖别致。胎细白，釉面光润，釉色白中泛青。

唐　白釉环把三足杯
White glazed three-feert cup with looped handle Tang Dynasty
高3.8厘米　口径9.3厘米
撇沿，腹置环形把，平底，三兽足。胎质坚硬洁白，通体施透明釉，釉白中泛水绿色，釉面光亮，由于气泡破裂，釉表布有细小的黑点。

唐 白釉把杯

White glazed cups with looped handle Tang Dynasty

陕西省西安市文物保护考古研究所藏

均为撇沿，鼓圆腹，圈足底，"6"字形执柄，造型新颖别致。

唐 白釉把杯

White glazed cup with looped handle Tang Dynasty

高 7.8 厘米　口径 10.6 厘米　足径 6.2 厘米

上海博物馆藏

撇口，圆唇，深腹，下腹外鼓，圈足底，腹部一侧塑"6"形执柄，
造型新颖独特，形制典雅别致。通体施白釉，釉色白净莹润，白中
泛青，胎体坚硬细腻。

唐 白釉环把杯

White glazed cup with looped handle Tang Dynasty

高5厘米 口径6.7厘米 足径3.9厘米
圆唇侈口，下腹折腰，圈足外撇。造型
端庄秀丽，非常实用。胎质细腻，釉光
润，施釉不及底。

唐 白釉钟式杯

White glazed cup Tang Dynasty

高8.3厘米 口径11.3厘米 底径5.4厘米
侈口，圆唇，腹有三道弦纹，圈足。胎白坚
细，器内外施白釉，釉较厚，近底部有积釉
现象，底足至底心无釉。

唐 白釉束口环把贴塑花杯

White glazed cup with looped handle and prigged relief Tang Dynasty

高 7.5 厘米　口径 6.1 厘米　底径 3.2 厘米

撇口，圆腹，环形把，小平足。为加固把柄根部有花形贴塑。胎白净细腻，釉色泛黄绿，较厚重，玻璃质感强，有泪痕，开网状片。

唐　白釉鱼叶纹海棠形耳杯

White glazed eared cup with moulded reliefs Tang Dynasty

高4厘米　口径14.7×11.2厘米

杯作海棠形，撇口，圆底内凹，侧置印有菱纹装饰的环形把，内刻印有菱纹、叶形纹和水波纹，底心模印一凸起的小鱼，生动活泼。胎质坚实细腻，釉青润光亮。造型别致，十分难得。

唐乾封二年(公元667年) 白瓷堆花高足钵

White glazed stem cup with sprigged relief The second year of Qianfeng Reign (667A.D.)

高23厘米　口径19.5厘米　足径18.2厘米

1956年陕西省西安市东郊段伯阳墓出土

陕西历史博物馆藏

敛口，圆腹，喇叭形高足，装饰采用了轮制、堆塑、模印等技法。口沿施一组弦纹。弦纹以下方形为八瓣宝相花朵，圆形似宝石状，周边皆以联珠纹围绕。第二层是在上下弦纹隔出的区间里，用阳模印出圆形梅花纹。第三层与第一层相同。下腹部堆贴仰状圆硕的莲瓣，莲瓣间堆贴团花。高足上贴饰并列覆状的莲瓣，有浮雕的艺术效果。坯胎轮制，胎色白中略泛黄。此钵施白釉，釉色白中泛青，釉质明亮。

唐　白釉唾盂
White glazed spittoon Tang Dynasty
高10.5厘米　口径16.5厘米　足径6.5厘米
1955年陕西省西安市东郊王家坟唐墓出土
陕西历史博物馆藏
唾盂上部为浅盘状，细颈直而短，腹扁圆，宽圈足。造型工整，制作精巧。
胎质洁白细腻，结构紧密。釉色雪白莹润，是邢窑白瓷的上乘之作。

唐　白釉唾盂

White glazed spittoon Tang Dynasty

高 13.2 厘米　口径 15.2 厘米　足径 10.4 厘米

陕西省西安市理工大学二校三区工地出土

陕西省考古研究所藏

上部作撇口斜腹斗笠碗形，下部作小口溜肩垂腹圈足水盂形。胎坚细洁
白，施满釉，局部有大开片，釉色白中微泛青，较厚。

唐　白釉陆羽饮茶具　一套（6件）

A set of white glazed tea sevice with figure of Lu Yu (six pieces) Tang Dynasty

风炉／茶釜通高15.6厘米　茶白直径12.2厘米　茶瓶（注子）高9.8厘米　渣斗高9.5厘米

1950年河北省唐县出土

中国国家博物馆藏

这些器物形体较小，估计可能是供观赏的模型或随葬用的明器。瓷人像高冠，身穿交领衫袍，盘腿而坐，双手展卷，通体施白釉，五官及须发处略施黑彩，形象生动逼真。据研究，此像应当是《因话录》中所载供奉于茶肆间的陆羽。此件人像冠顶开口，可以注水，但其形体较小，灌注量有限。这组茶具胎质坚硬，釉色白净，造型别致，是研究我国邢瓷与饮茶文化的重要实物资料。

唐 白釉点褐彩广口罐

White glazed jar with broun spot Tang Dynasty

高 7.4 厘米　口径 5.8 厘米　足径 5 厘米

2006 年 5 月河北省临城县东柏畅寺台地唐墓出土

河北省临城县文物保管所藏

广口，束颈，鼓腹，平底，肩腹部点施梅花状褐彩三组。胎质灰白坚硬，稍粗，有白点，外施化妆土至中腹部，器内施全釉，器外施白釉至中腹部，釉微泛青，有冰裂纹。

唐　黑釉双耳鼓钉釜

Black glazed ketlle with double lugs and papillary decoration Tang Dynasty

高10.8厘米　口径16厘米　底径7.2厘米

尖扁唇，敛口，半圆腹，平底，口双侧用双泥条捏制成圆形耳。外壁自口沿至腹中粘有两圆鼓钉，大小及排列不太规则，胎质坚硬，略显粗糙，色灰白。内挂满釉，釉厚处呈黑色，外壁挂半釉，釉色稍淡，呈黑褐色，釉面较光亮。

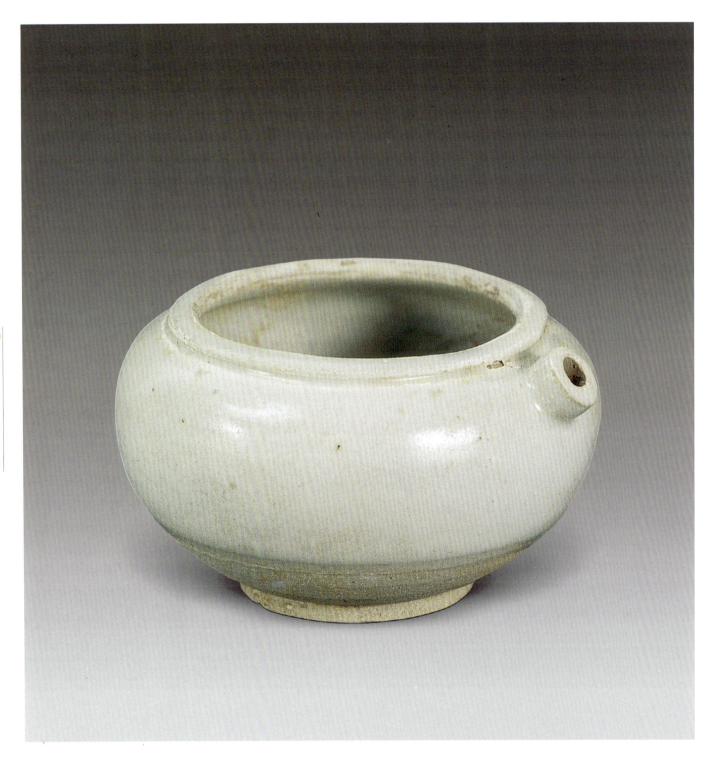

唐　白釉短流盂

White glazed jar with short spout Tang Dynasty

高 7.6 厘米　口径 8 厘米　足径 6 厘米

2006 年 5 月河北省临城县东柏畅寺台地唐墓出土

河北省临城县文物保管所藏

钵形，敛口，圆唇，溜肩，肩部安短流，鼓腹，饼足微内凹。胎灰白坚硬，稍粗。其
内外均施化妆土至下腹部，其内施满釉，其外施釉至下腹部，局部釉色发青，无化妆
土处釉色较深，有流釉现象。

唐　白釉鼓钉纹短流盂
White glazed jar with short soput and papillary decoration Tang Dynasty
高7.3厘米　口径8.2厘米　足径6厘米
敛口，扁圆腹，短流，肩贴四组鼓钉纹，平底。胎质稍粗，有黑斑点，
施半釉，釉光亮，釉下挂白色化妆土。

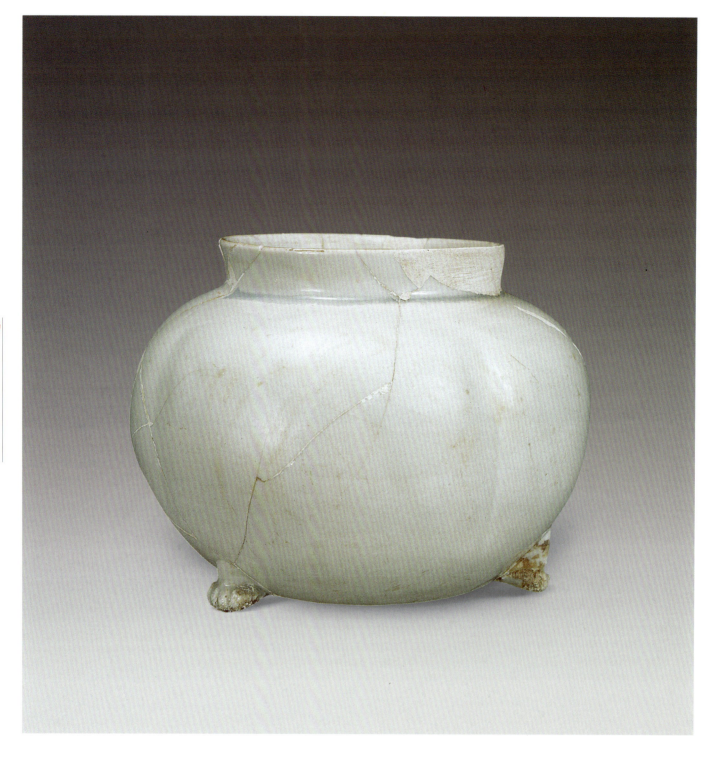

唐　白釉瓜棱三足罐

White glazed jar with melon-shaped body and three feet Tang Dynasty

高 10.3 厘米　口径 8.7 厘米

2002 年陕西省西安理工大学二校三区工地出土

陕西省考古研究所藏

直口外撇，短颈，圆肩，鼓腹压瓜棱，圆底，下附三个兽足。胎坚硬
细腻，釉光亮白中泛青。底满釉。

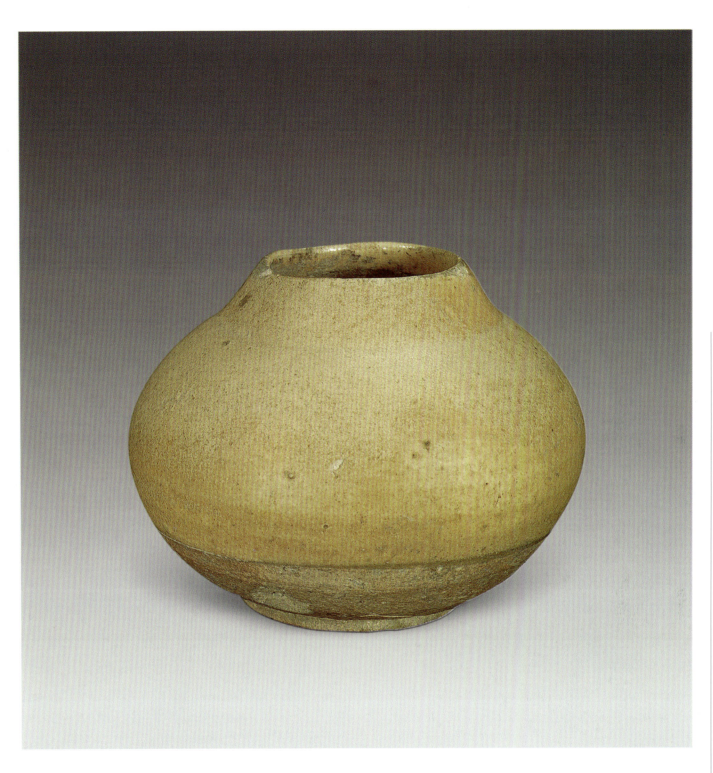

唐　黄釉鸡心罐
Yellowish glazed pear-shaped jar Tang Dynasty
高 8.2 厘米　口径 4.6 厘米　足径 5.3 厘米
1991 年 12 月河北省内丘县招待所窑址出土
河北省内丘县文物保管所藏
尖唇，心形腹，平底。粗灰胎，施黄釉不及底，釉略显
干涩，系生烧所致。

唐　白釉瓜棱三足盂
White glazed small jar with melon-shaped body and three feet Tang Dynasty
高 3.6 厘米　口径 3 厘米
圆唇，腹呈瓜棱形，底带三足。器内外施满釉，底至足无釉。

唐　白釉束腰三足盂
White glazed small jar with melon-shaped body and three feet
Tang Dynasty
高 4 厘米　口径 3.5 厘米
小唇沿微外撇，束腰，平底，三兽足。施白釉，釉面光亮，
沿下积釉处白中泛绿。有小开片，胎质坚硬白净。

唐　白釉三足盂
White glazed small jar with melon-shaped body and three
feet Tang Dynasty
高 3.2 厘米　口径 3.8 厘米　腹径 6.2 厘米
圆唇，溜肩，鼓腹，下有三足。胎细腻，釉面有使用划
伤。内外满釉，底面无釉。

唐　白釉三足盖罐
White glazed small jar and lid with three feet Tang Dynasty
通高 7.6 厘米　口径 3.9 厘米　底径 3.4 厘米
撇口，圆唇，短颈，扁圆腹，平底，腹以下承三立足。通体施
白釉，釉厚处泛青色，有黄土浸。盖尖顶，出边，直口。

唐　白釉束腰带盖小罐
White glazed small jar with lid Tang Dynasty
通高6.5厘米　口径2.6厘米　足径4厘米
陕西省西安市长安区出土
陕西省考古研究所藏
平沿短颈，带盖，丰肩，鼓腹，束腰，圈足。胎坚硬，釉白中泛青，盖积釉处有开片。

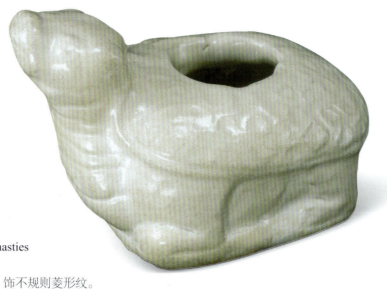

五代　白釉龟形水盂
White glazed pot in the shape of tortoise Five Dynasties
高4.9厘米　长7.6厘米　口径2.1厘米
龟形，昂首远眺，四龟足，短尾，龟背开敛口，饰不规则菱形纹。
胎白，釉表微有气泡形成的土浸，不通透，呈云雾朦胧状。

唐　白釉带卧童盖椭圆形四足盂
White glazed elliptical jar with lid and four feet Tang Dynasty
通高6.9厘米　口径4.7×3.9厘米　底径3.5厘米
椭圆形盖，盖上伏卧一童子，呈匍匐状仰首，盂腹垂下四
条菱形戳印纹绵延至四足，兽蹄形足。胎质坚细，胎表面
泛淡灰色。釉色白中泛青，光亮，积釉处呈水青色。造型
独特，装饰简练生动。

唐 白釉刻花鸭式水注

White glazed pot in the shape of duck with carved decoration
Tang Dynasty

高7.3厘米 长13.2厘米 口径7.4×5.6厘米
故宫博物院藏
鸭眼点黑彩为睛，翅划刻羽毛纹，翅尾有凝聚的玻璃质釉。
鸭缩颈合翅呈俯卧状，背上为海棠花式口，腹内底部俯一小
龟，龟身下有孔通向鸭嘴为流，鸭双足即为器足。细白胎，通
体施白釉，釉色白中泛青。

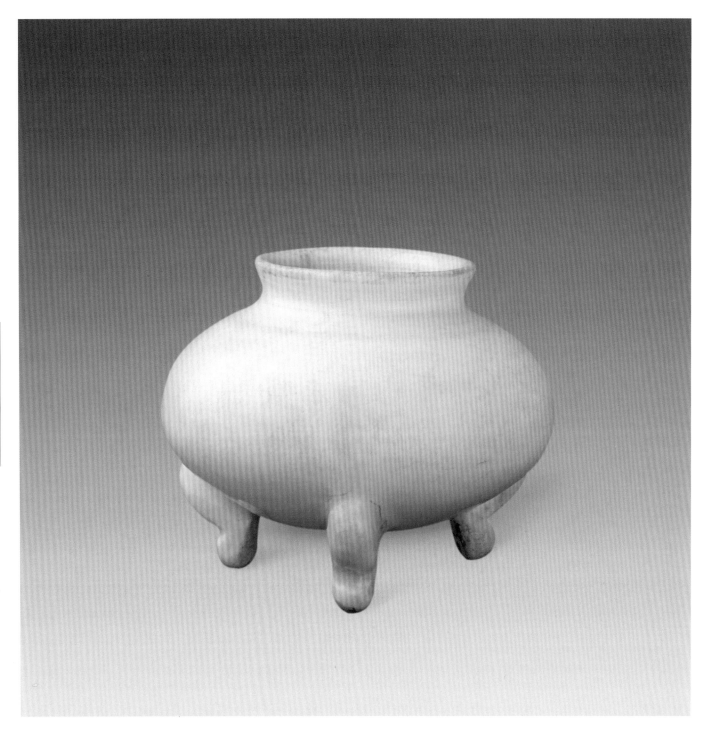

唐　白釉三足小炉
White glazed small burner with three feet Tang Dynasty
高 5.6 厘米　口径 3.9 厘米
故宫博物院藏
侈口，短颈，扁圆腹，腹下承三立足。胎较细白坚硬，通体施白釉，釉洁白光润。

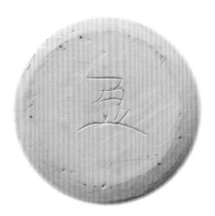

唐　白釉"盈"字款敞口洗
White glazed bowl inscribed Ying "盈" Tang Dynasty
高4.7厘米　口径14.2厘米　底径5.2厘米
河北省邢台市邢钢东生活区唐墓出土
河北省邢台市文物管理处藏
圆唇，敞口，微敛，斜直腹，小平底，平底外圈斜削一周。胎白细腻，器内外施白釉。底有芒，底心阴刻一"盈"字。

唐 白釉三足炉

White glazed burner with three feet Tang Dynasty

高 11.3 厘米　口径 24.8 厘米　底径 20 厘米

撇口，内沿有小斜面，腹有凸棱，底作椭圆形。此炉造型奇特，是少见
的白瓷大器。胎灰白，施白釉，内外满釉，底无釉，釉透开片均匀，与
唐三彩开片相似，釉面因土浸呈土黄色云雾状。

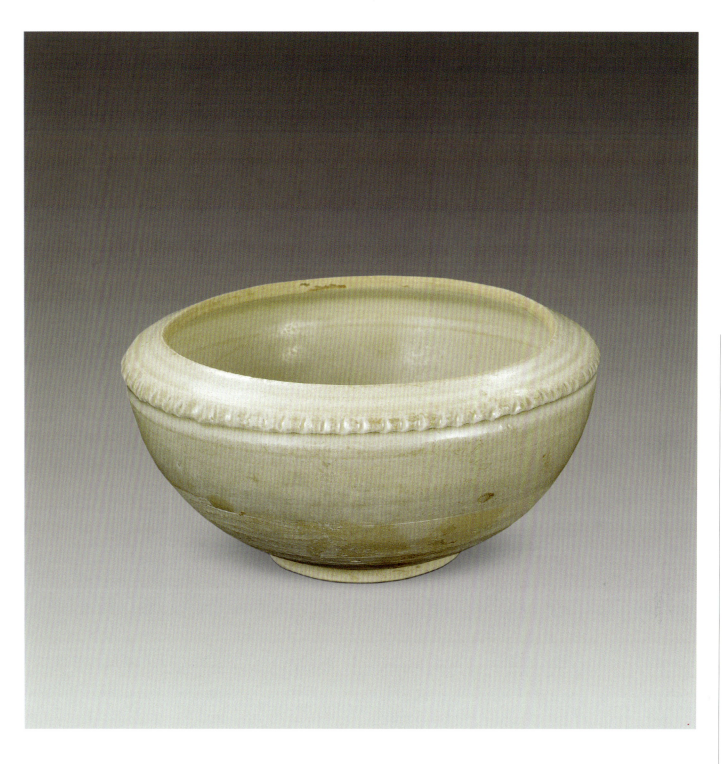

五代　灰白釉花口钵

Pale grey glazed bowl Five Dynasties

高5.8厘米　口径9.8厘米　足径4.3厘米

敛口，斜坡小沿，沿口饰一圈牙齿形花纹，系用工具压印而成，弧腹，圈足底，露胎处旋削痕较明显。胎灰白细腻。釉色青灰，外半釉，不见化妆土。

唐 茶叶沫釉灯笼形罐
Broun yellowish glazed jar
Tang Dynasty

高9厘米 口径9.3厘米
足径7.8厘米

河北省临城县刘王寨遗址出土
河北省临城县文物保管所藏
敛口，溜肩，鼓腹，饼状实
足，作灯笼形。施茶叶末釉，
釉面微有土浸，有小气泡，
足无釉。

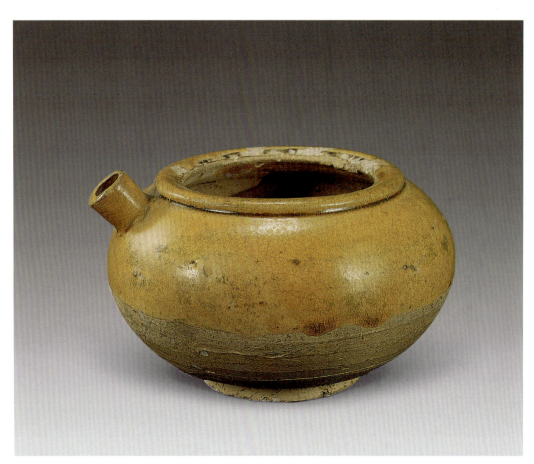

唐 黄釉独流盂
Yellowish glazed small jar
with spont Tang Dynasty

高6.4厘米 口径7.5厘米
足径4.9厘米

河北省邢台市文物管理处藏
敛口，扁圆腹，溜肩，小短
流，平足。陶胎呈浅土黄
色，施低温黄釉，开细小冰
裂片。

唐 多齿形黑釉水盂

Black glazed jar Tang Dynasty

高6.4厘米 口径6厘米 底
径5厘米

敛口，圆唇微凸，溜肩，扁圆
腹，腹部贴塑有六个鱼尾状
齿。造型奇特，新颖别致。胎
灰白坚硬，通体内外施黑釉，
釉薄处泛黄色。

唐 黑釉敛口水盂

Black glazed jar in the shape of
ball Tang Dynasty

高6厘米 口径3厘米 底径
3.2厘米

圆形，小口内敛，鼓腹，平底。胎
灰白，上腹施黑釉，釉泽光亮。

唐　酱釉三足炉

Reddish brown glazed burner with three feet Tang Dynasty

高 14.7 厘米　口径 17.4 厘米

1999 年 10 月河北省深州市下博墓地出土

河北省文物研究所藏

侈口，尖圆唇，短颈，圆肩，半圆形腹，平底，三兽形足。器外施釉不到底，露褐色胎，胎质较细腻，器内施釉并有抹划痕迹。此器釉色均匀，造型规整大方。

唐　黑褐釉双系执壶
Black brown glazed ewer with double lugs Tang Dynasty
高22.9厘米　口径7.5厘米　足径10厘米
圆唇，侈口，斜直颈。双泥条系，短流有弦纹。腹瘦长，双泥条柄，平底
微外撇，底足削棱一周。胎质坚硬，色灰白，质较粗。釉光润，肩、口釉
色泛黄。

唐　黄釉执壶

Yellowish glazed ewer Tang Dynasty

高16厘米　口径6.8厘米　足径7.8厘米

河北省临城县岗头村出土

河北省临城县文物保管所藏

圆唇，喇叭口，短直流，双泥条柄，实足外撇。外表施釉不及底，釉黄，积釉处呈黑
褐色。胎质粗糙但较坚硬，流、口沿及柄上有干釉现象。造型规整。

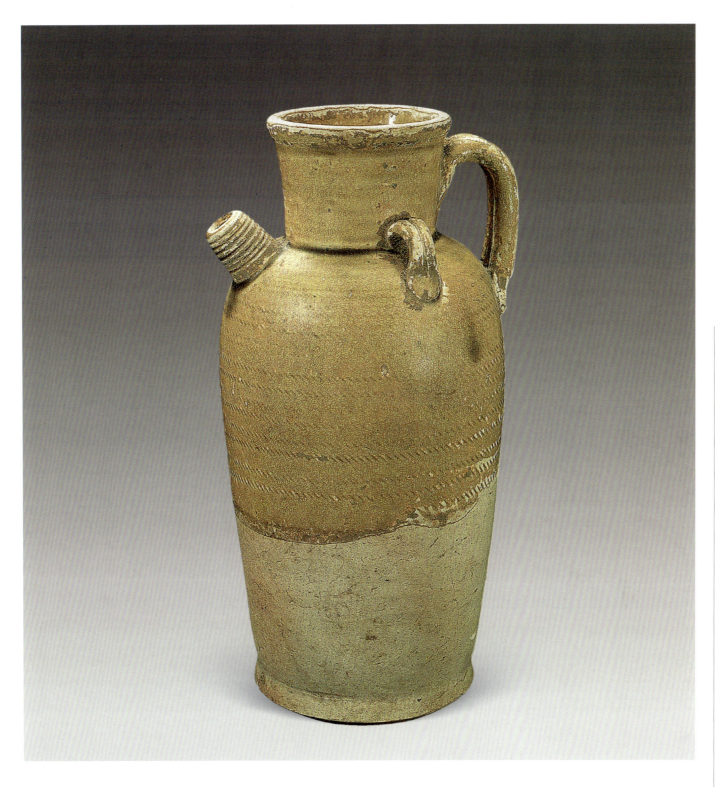

唐　黄釉戳点纹双系执壶

Yellowish glazed ewer with rouletted deoration Tang Dynasty

高21.6厘米　口径6.5厘米　足径7.7厘米

2002年8月河北省邢台市邢台旅馆4号唐墓出土

河北省邢台市文物管理处藏

圆沿，颈腹较长，短流，双泥条柄，附双系，平底微外撇。胎细坚硬，黄釉闪冷色，釉厚处有明显橄榄绿倾向。腹饰以戳点纹，流有弦纹，肩上部有两道弦纹，肩腹上有开片。釉光较亮。

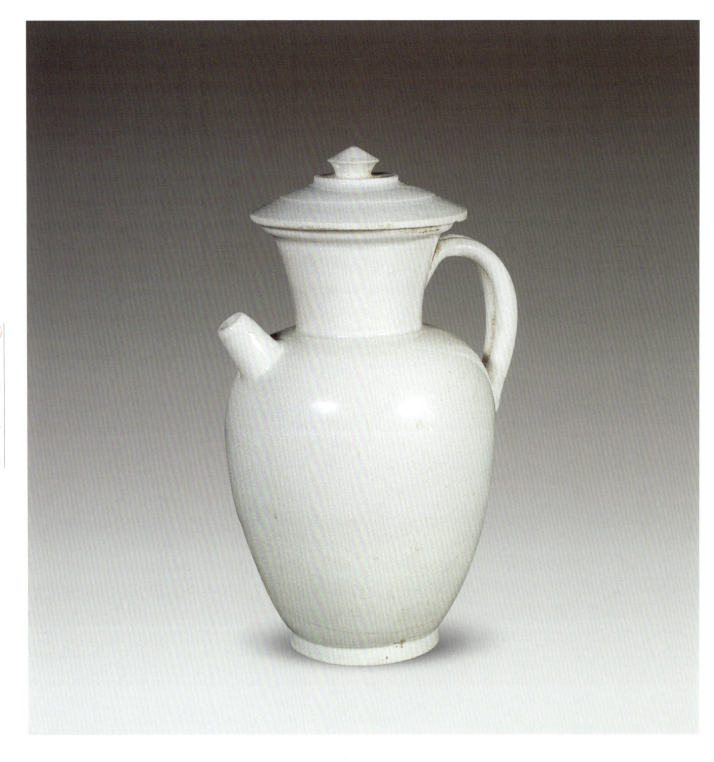

唐　白釉带盖执壶

White glazed ewer and lid Tang Dynasty

通高 20.8 厘米　口径 7.6 厘米　足径 6.2 厘米

敞口，圆唇，高束颈，溜肩，深腹略鼓，肩一侧有柱状流，双泥条柄。圆饼状实足，盖为伞形，出沿，圆钮，子口。胎色洁白，质地坚硬，胎壁较薄，通体白釉，釉白中微泛青，较光润。

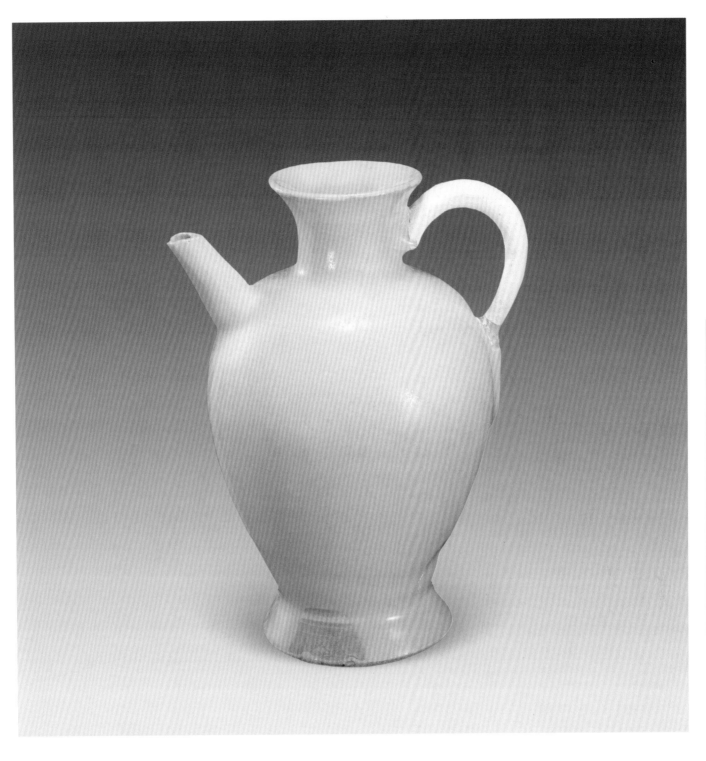

唐　白釉执壶

White glazed ewer Tang Dynasty

高 12.3 厘米　口径 3.8 厘米　足径 5.2 厘米

尖唇，高颈，喇叭口，丰肩，鼓腹，腹下渐收，近底处外撇成足，圈足底。肩部前置菱形管状短流，后置圆条把手，与颈相连接。器通体内外施白釉，底部露胎，釉色莹润，白中泛青。胎骨细腻坚致，造型典雅简洁。

唐　白釉执壶

White glazed ewer Tang Dynasty

高 17.3 厘米　口径 7.5 厘米　足径 6.4 厘米

1975 年江苏省扬州市东风砖瓦厂出土

江苏省扬州市博物馆藏

壶喇叭形口，高颈，斜肩，鼓腹，腹下部渐收敛，饼形足而底平，颈、肩之间
置复合环形柄，相对应处置圆形短流。胎骨坚致，修胎规矩，造型端庄。

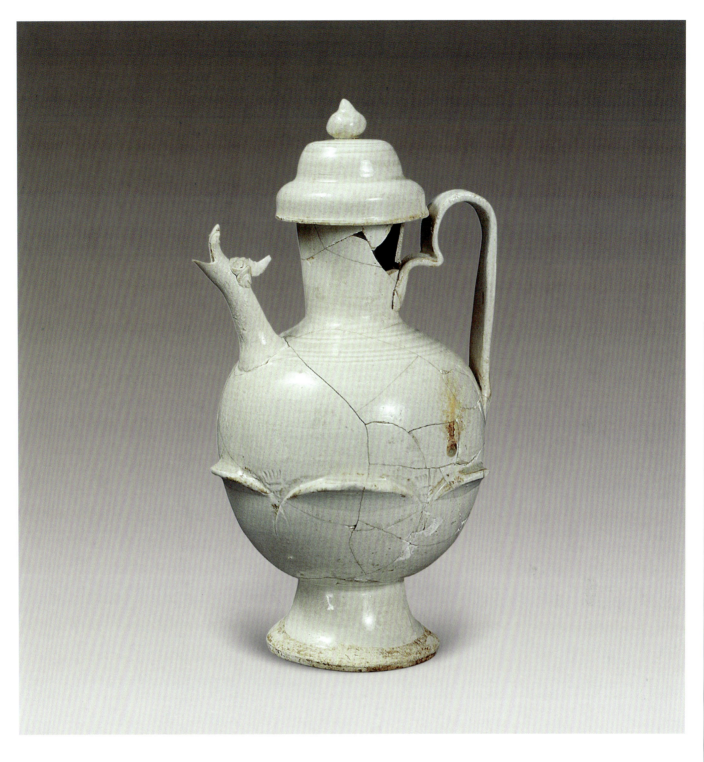

五代　白釉螭首壶

White glazed ewer with lid Five Dynasties

通高22.5厘米　口径4.9厘米　足径7.3厘米

阶梯形带钮盖，芒口，直颈，龙形长流，扁状曲柄，腹置五瓣凸起仰莲纹，喇叭状足，壁较薄，造型美观，装饰华丽。胎质细白，釉较莹润，白中泛黄绿色。

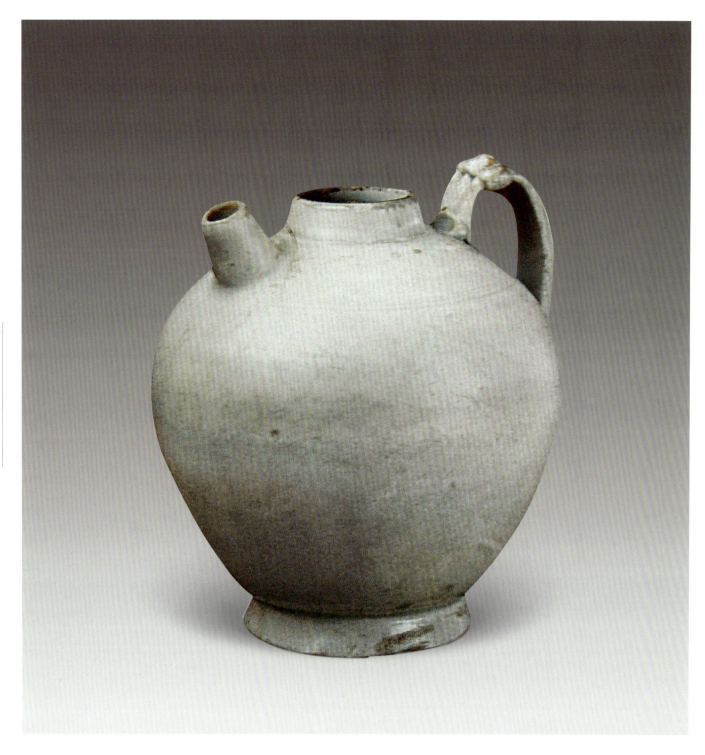

唐 白釉执壶

White glazed ewer Tang Dynasty

高 10.5 厘米　口径 2.5 厘米　足径 5.3 厘米

故宫博物院藏

小口，短颈，溜肩，圆腹，腹以下渐收，圈足外撇。肩部一边有一柱形短流，另一边有一曲柄立于腹部外侧。里外满釉，釉色洁白，胎质坚硬，釉面光亮莹润，质感很强。

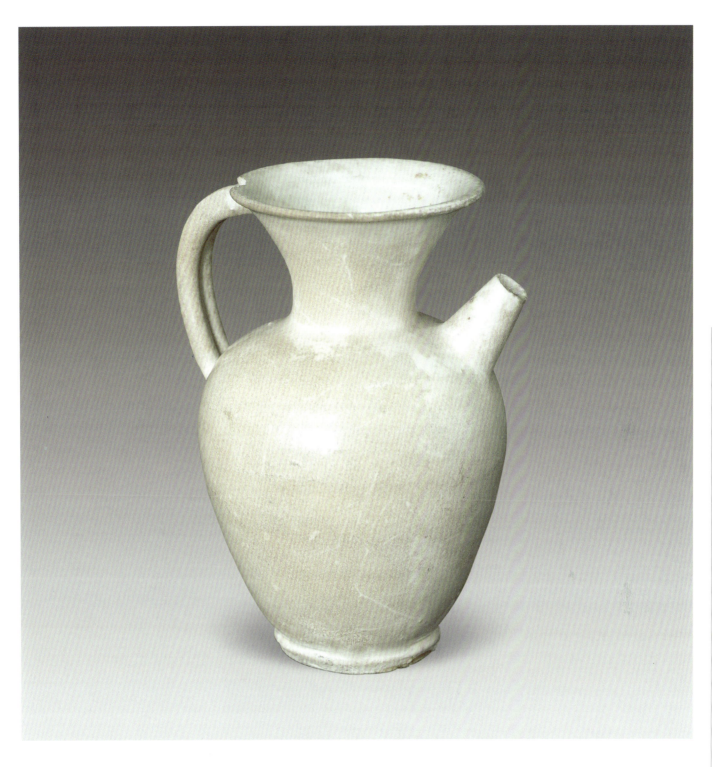

唐 白釉"张"字款执壶
White glazed ewer inscribed Zhang "张" Tang Dynasty
高 10.5 厘米 口径 5.1 厘米 足径 3.6 厘米
河北省临城县东街砖厂刘府君墓出土（唐大中三年）
河北省临城县文物保管所藏
扁唇，喇叭形口，鼓腹，短流，双泥条把，平底。底心阴刻"张"字款。
通体施白釉，釉润泽，有土浸痕。

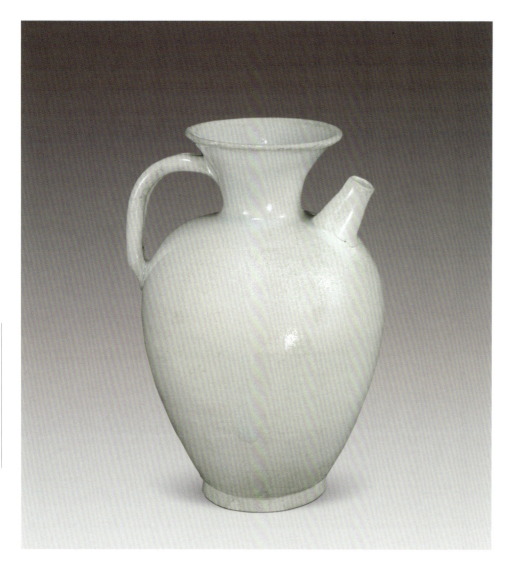

唐　白釉执壶

White glazed ewer Tang Dynasty

高 12.4 厘米　口径 5.1 厘米　足径
4.3 厘米

喇叭口，短颈，双泥条系，肩置短流，
平底足。通体施白透明釉，釉较光
亮，色白中泛青，胎坚硬细白，器型
较丰满。

唐　白釉小执壶

**White glazed small ewers Tang
Dynasty**

左：高 8.1 厘米　口径 3 厘米　足径
2.8 厘米

右：高 8.3 厘米　口径 3.4 厘米
足径 3.1 厘米

喇叭口，短流，桥形柄，腹上丰下收，
平足微外撇。前者釉白，后者略泛
青，釉都不到底。

唐 白釉葫芦形短流执壶

White glazed gourd-shaped ewer Tang Dynasty

高 20 厘米 口径 3.6 厘米 足径 7.2 厘米

2003 年 12 月河北省邢台市邢钢东生活区七号楼工地出土

河北省邢台市文物管理处藏

小口微侈，分上下腹，上腹丰肩，鼓腹，下腹溜肩，弧腹。圈足微外撇，上下腹交接处有凸弦纹一周，下腹肩部一侧有管状短流，另一侧肩腹部有双泥条曲柄。细白胎，外挂白釉到底，釉色润泽明亮。

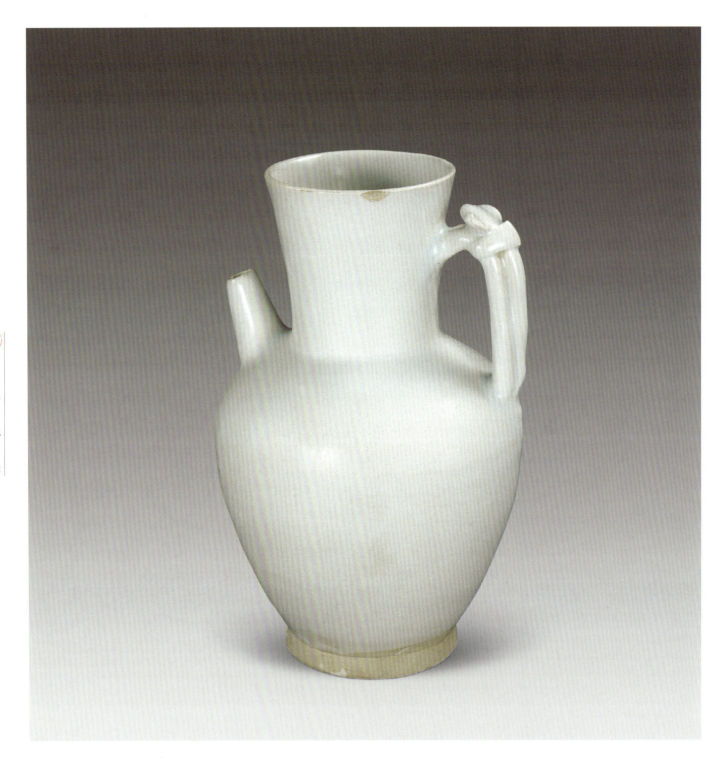

唐　白釉结带柄执壶
White glazed ewer Tang Dynasty
高 18.9 厘米　口径 7 厘米　足径 6.2 厘米
1979 年 12 月河北省正定县郭家村出土
河北省正定县文物保管所藏
斜直口，颈稍长，溜肩，鼓腹，腹下渐收，圈足稍外撇，足心微凸，短流，复式结带曲柄，上附一
如意头装饰。胎白而坚细，釉色白中闪青，极为精美。

唐　白釉执壶

White glazed ewer Tang Dynasty

高17.5厘米　口径6.2厘米　足径6.8厘米

1991年陕西省西安市长安区南里王村出土

陕西省考古研究所藏

撇口，颈腹较长，短流，三泥条结柄，圈足。胎坚细洁白，釉面光润，白中泛青，底无釉。

唐　白釉狮柄龙流壶
White glazed ewer with lion-shaped handle Tang Dynasty

高 20.3 厘米　口径 4.8 厘米　足径 5.7 厘米

故宫博物院藏

撇口，短颈，长圆腹，平底，一端饰狮柄，另一端饰兽流。胎白，釉色发青。

唐　白釉狮柄龙流执壶
White glazed ewer with Lion-shaped handle Tang Dynasty
通高9.9厘米　口径6.2厘米　足径6.8厘米
1991年陕西省西安市长安区南里王村出土
陕西省考古研究所藏
撇口，短颈，腹较修长，短流，螭形柄，做工精细。胎坚细洁白，半釉，釉白中泛青。

唐　灰白釉狮柄龙流执壶

White glazed ewer with Lion-shaped handle Tang Dynasty

高11厘米　口径2.5厘米　足径2.5厘米

陕西省西安市征集

陕西省西安市文物保护考古研究所藏

喇叭口，短颈，广肩，鼓腹，腹下部斜收，小平底，肩部一侧有短流，流座有一周凸棱。另一侧是一兽执柄，狮口大张衔住壶口，弯腰垂腿，两足开立蹬在壶肩上，大尾。胎色釉色灰白。

唐　白釉狮柄龙流执壶

White glazed ewer with Lion-shaped handle Tang Dynasty

左：高8.6厘米　口径3.2厘米　足径3.1厘米
右：高9.5厘米　口径3.2厘米　足径3.1厘米

喇叭口，短流，流的衔接处压一泥条，划有阴纹。胎质坚密，
釉微泛青，釉表气泡土咬破裂，呈云雾状，釉不到底，肩有
细开片。

唐 白釉"盈"字款带盖执壶
White glazed ewer and lid inscribed Ying "盈" Tang Dynasty
通高27厘米 足高1厘米 盖高4.4厘米 腹径10.4厘米
陕西省西安市南郊刘家庄村古井内出土
陕西省西安市文物保护考古研究所藏
敞口,圆唇,束颈,溜肩,深腹略鼓,肩一侧有柱状流。另一侧有双
泥条扁平柄,颈下有弦纹一周。足底阴刻"盈"字。盖为伞形,出沿,
圆钮,子口。胎色灰白,质地坚硬,胎壁较薄,通体施白釉,釉面光
洁,色白中泛青。

唐　白釉"盈"字款四件执壶

White glazed ewer inscribed Ying "盈" (Four pieces) Tang Dynasty

不带盖执壶：高21厘米　口径8.8厘米　足径6.8厘米　足高0.8厘米
右二带盖执壶尺寸见上页图
陕西省西安市南郊刘家庄村古井内出土
陕西省西安市文物保护考古研究所藏
壶为敞口，卷沿或圆唇，束颈，圆肩或溜肩，深腹，略鼓，底足外侧边缘斜削
一圈。肩一侧有柱状流，另一侧有双条扁平柄，颈下有弦纹一周，圆形足底阴
刻"盈"字。胎壁较薄，口沿内壁至颈部及外壁通体白釉，釉不及底。整体施
釉均匀，釉面细润，光泽感强，釉色白中泛青，胎色灰白，质地坚硬，盖为伞
形，出沿，圆钮，子口，盖顶施白釉，沿下无釉。壶体及盖均为轮制。

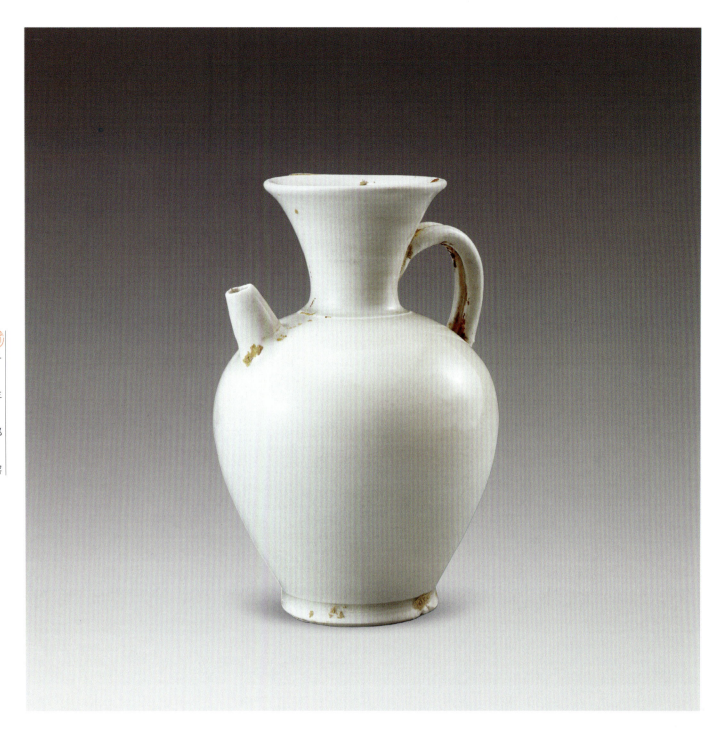

唐 白釉"盈"字款执壶

White glazed ewer inscribed Ying "盈" Tang Dynasty

高14.5厘米　口径5.9厘米　足径5.2厘米

喇叭口，细颈，双泥条系，短流，鼓腹，平足，底足削棱一周，底心阴刻"盈"字。胎坚细，釉光润，色白中泛灰，积釉处呈淡绿色，釉中有大量气泡。

唐　白釉"盈"字款托盏一对

A pair of cup and stand in white glazed inscribed Ying "盈" Tang Dynasty

通高 5.8 厘米　口径 11.2 厘米　托径 10.9 厘米

托为四处花口，圈足，盏圈足直口，盏与底均刻"盈"字款。胎坚硬，釉光莹润，色白中泛灰。与上页"白釉'盈'字款执壶"是一套器物。所刻"盈"字笔体一致，为同一人书写。

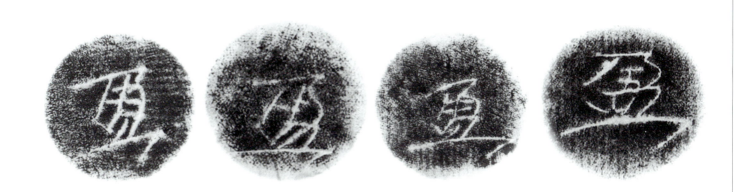

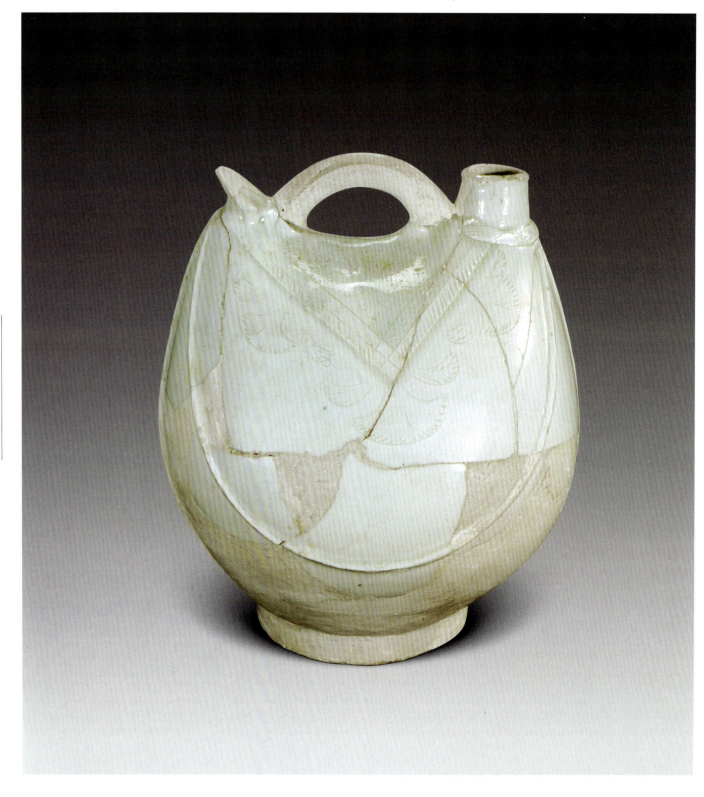

唐　白釉印花皮囊壶

残高13.2厘米

1980年河北省临城县祁村窑址采集

河北省临城县文物保管所藏

壶上部有环式提梁，梁前有一竖直的短管状口，壶身两侧周边做仿皮囊缝合的起线装饰，上部施花叶纹。整个
器形显得浑厚丰满。胎质坚硬，洁白细腻，釉面光洁莹润，色白中泛青。

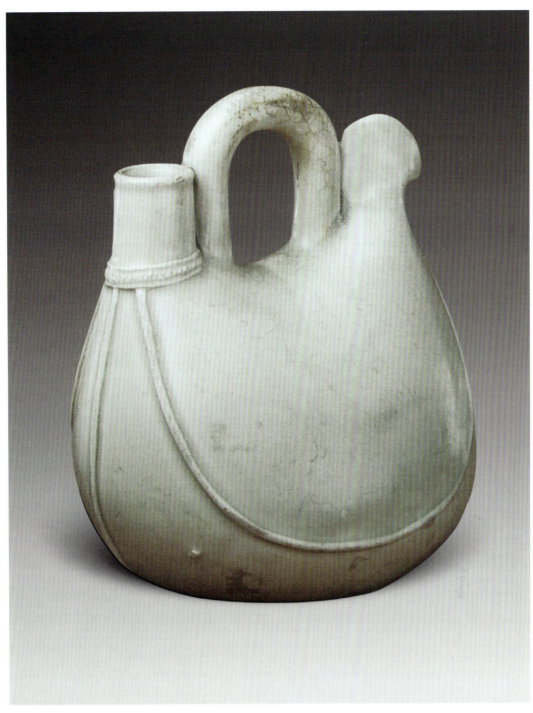

唐 白釉皮囊壶
White glazed flask like a leather bottle Tang Dynasty
高12.5厘米 口径2.2厘米 底径12.5厘米
故宫博物院藏
壶上窄下宽，上端一面有小流，流直口，中间凸起曲形柄，壶两面凸起包袱褶纹线各一道，中间凸线一道，底划刻"徐六师记"四字匠师题款。胎坚细，釉面白净光润。

唐　白釉凤首盖贴花皮
囊壶

White glazed flask shaped
like a leather bottle with
attached decoration Tang
Dynasty

高24厘米　底径10.3厘米
口径2.9厘米　梁高5.7厘米
1996年河北省故城县出土
河北省衡水市文物管理
处藏

凤首形盖，凤眼点黑釉，
短流，半圆形提梁，鼓腹，
饼状实足。腹身整体饰
凸起纹样，仿皮囊缝合
痕，并贴有花朵和戳印
纹，上部饰鞍形图案。通
体施白色透明釉，白中泛
青绿，釉面光润，胎质坚
细洁白。此器造型精美，
装饰华丽，工艺精湛，实
为邢窑白瓷中之上品。

唐 土黄釉皮囊壶

White glazed flask shaped like a leather bottle Tang Dynasty

高16.2厘米 口径2.4厘米

1956年陕西省西安市莲湖区白家口出土

陕西历史博物馆藏

壶上部有环式提梁，梁前有一竖直的短管状口，壶身两侧周边做仿皮囊缝合的起线装饰，上部施花叶纹。整个器形显得浑厚丰满，具有一种充盈扩张的气势。通体施土黄釉，光亮度稍差。此壶器形别致，制作精细，与临城县祁村窑址出土的皮囊壶造型图案基本一致。

唐 白釉长颈瓶
White glazed ewer vase with a long neck Tang Dynasty
高23.2厘米　口径6.9厘米
1956年河南省陕县刘家渠出土
中国国家博物馆藏
圆口，唇外折，长颈束腰，丰肩鼓腹，腹下收，平底，矮圈足微侈，器身施白色釉，白中泛青，釉厚处
呈淡青色，釉色莹润光洁，玻璃质感较强，表面有细小开裂纹。器底无釉胎，胎质坚硬细白，底中部墨
书"永"字款。此器造型简练秀美，是唐代白瓷精品，代表了唐代的艺术风格。

唐　白釉单柄壶

White glazed miniature ewer Tang Dynasty

高8厘米　足径2.5厘米

三出花口，单泥条柄，细颈，高足，平底。胎细白坚硬，釉色白中
泛青，施釉不及底。

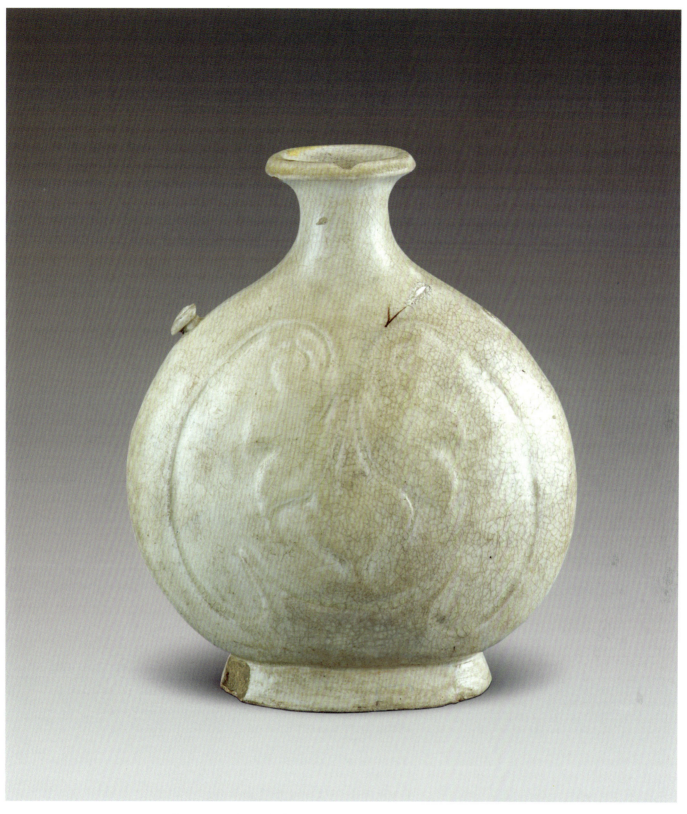

唐　白釉印叶纹花扁壶

White glazed moulded flask Tang Dynasty

高26厘米　口径5.2~6.8厘米　足径6.2~12.8厘米

1996年陕西省西安市西郊热电厂出土

陕西省西安市文物保护考古研究所藏

圆沿外撇，细颈，溜肩扁腹，造型规整大方。底口有残，缺一耳（桃形耳）。胎细白，不太坚硬，胎体亦厚重。满釉，釉光润有稍大开片，釉白中泛绿。

唐　黑釉钵口瓶

Black glazed vase with bowled mouth Tang Dynasty

高23.1厘米　口径2.9厘米　足径7.5厘米

钵口短颈，饼状实足，造型规整，腹丰满。胎灰白，质粗，较坚硬。胎表
面泛深褐色，釉下施白色化妆土，施乌黑色釉不及底，釉面晶莹。

唐　黑褐釉双系盘口瓶

Black brown glazed vase with double lugs and dished mouth Tang Dynasty

高 24 厘米　口径 6 厘米　足径 7.2 厘米

盘口，短颈，双系，丰肩，饼足外撇。胎灰白坚硬，施黑褐釉不及底，有大面积豆青色
茶叶末斑，并出现一片天蓝色釉窑变，十分美观。

唐　白釉瓶

White glazed vase Tang Dynasty

高 8 厘米　口径 4 厘米　足径 4.8 厘米

1985 年河北省临城县东街唐墓出土

河北省临城县文物保管所藏

卷沿，短颈，鼓腹，平底，底心微凹。胎灰白坚硬，内施满釉，外施半釉，釉色青灰，不甚光亮。

唐　白釉鸡心瓶

White glazed vase with splayed foot Tang Dynasty

高 5.9 厘米　口径 1.7 厘米　足径 4 厘米

河北省邢台商都博物馆藏

腹似鸡心，敛口，平足，造型奇特。白胎泛灰，釉光亮，微土浸，内多半无釉，外釉不到底。

唐　黑釉白口葫芦瓶

Gourd-shaped vase in black glaze with white mouth
Tang Dynasty

高 7.6 厘米　口径 1.3 厘米　底径 2.2 厘米

河北省邢台商都博物馆藏

直口，圆唇内敛，体作葫芦形，平底。细白胎，口部施白釉，下身施黑釉光亮，造型装饰十分别致。

唐　白釉弦纹葫芦瓶

White glazed vase in the shape of gourd with stting design Tang Dynasty

高 23.5 厘米　底径 7.2 厘米

河北省邢台商都博物馆藏

瓶口凸起，上腹小圆下腹大圆，两腹相接，作葫芦形，圈足底。釉色白中微泛青绿，较光润。胎细白坚硬，壁轻薄。

唐　白釉瓶
White glazed vase Tang Dynasty
高14.4厘米　口径6厘米　底径7.2厘米
故宫博物院藏
瓶口外撇，细颈，丰肩，肩部以下渐收敛，平底。肩部浅刻弦纹。
通体施釉，釉色洁白，胎质细腻。造型秀美。

唐　白釉弦纹瓶

White glazed vase with stting design Tang Dynasty

高 21 厘米　口径 7.5 厘米　底径 7 厘米

板口外折，平沿，细颈，丰肩，平底。肩部以下渐收敛，浅刻弦纹各三道，造型丰
满端庄，比例协调。通体施白釉，釉色润泽。有烟熏斑点。

晚唐至五代　白釉穿带壶

White glazed pot with four lugs Late Tang Dynasty to Five Dynasties

高 29.5 厘米　口径 7.3 厘米　足径 13.5 厘米

上海博物馆藏

唇口外侈，直颈，长圆形扁腹，肩、下腹各安放穿带孔两个，腹部正背均有直凹棱两道，大圈足。胎洁白细腻，色泛灰。通体施白釉，釉层匀净，色白中泛青。制作规整，浑厚稳重。

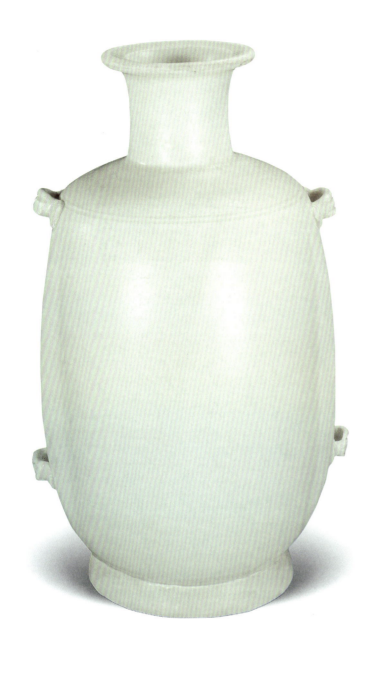

晚唐至五代　白釉穿带壶

White glazed pot with four lugs Late Tang Dynasty to Five Dynasties

高24厘米　口径6.2厘米　足径9.2厘米

侈口，平板沿，长颈，圆肩鼓腹，圈足，肩下和腹下有垂直相贯
的穿带横耳。穿带孔内和两侧有三道凹陷，肩有三道轮弦纹，穿
带耳压印有菱形纹饰。胎色洁白，质细而坚硬。釉色白中泛青，质
感润泽，足无釉。

唐　白釉"盈"字款瓜棱罐
White glazed melon-shaped jar inscribed Ying "盈" Tang Dynasty
故宫博物院藏
上口、颈均残失，腹饰凸起的棱线条，圈足外撇，底阴刻"盈"字
款，胎坚细洁白，釉光润。

唐　白釉带托塔形盖罐

White glazed jar with lid and stand Tang Dynasty

高59厘米　足径19厘米

1984年河北省临城县射兽唐墓出土

河北省临城县文物保管所藏

托作花沿高足盘，罐为直颈瘦长腹，盖钮呈塔顶宝葫芦状，其造型精美大方，做工精细，是一件不可多得的邢窑大器。胎质坚硬细腻，釉光润，釉色白中泛黄绿色。

唐 白釉"翰林"款盖罐

White glazed jar and lid inscribed Han-lin "翰林" Tang Dynasty

高 26 厘米　口径 9 厘米　底径 8.2 厘米

1956 年陕西省西安市东郊唐墓出土

陕西历史博物馆藏

侈口圆唇，直颈，丰肩鼓腹，平底，有盖，盖上有宝相花形提手。罐底阴刻"翰林"二字，字体工整紧凑，造型浑圆饱满，端庄丰盈，制作精细。胎质细腻洁白，结构紧密，造型规整。釉色白微闪青灰，土浸较重。

唐　白釉盖罐

White glazed jar and lid Tang Dynasty

通高 18 厘米　口径 8.5 厘米　底径 7 厘米

侈口圆唇,直颈,丰肩鼓腹,平底,有盖,盖上有宝相花形钮。造型浑圆饱满,端庄丰盈。胎质细腻洁白,造型规整。釉色白中微泛青绿,釉面光洁。

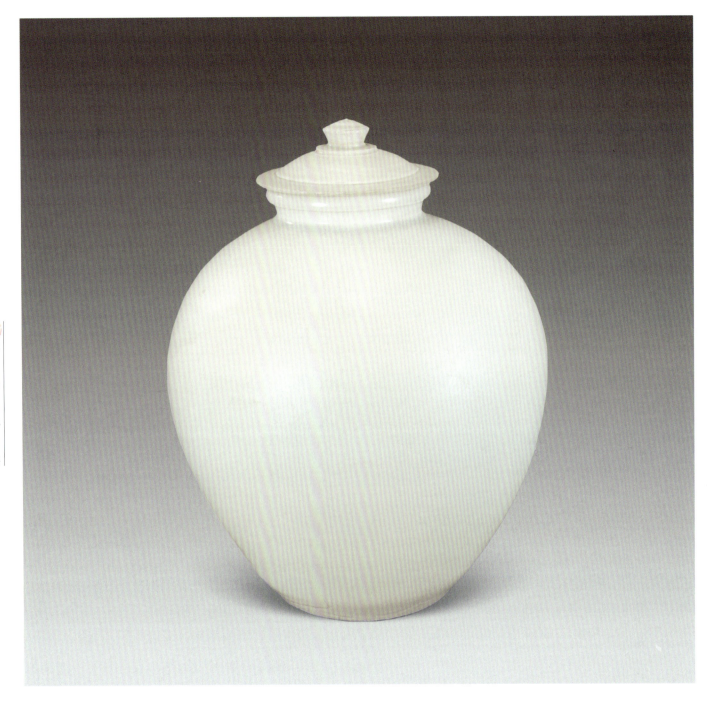

唐 白釉"盈"字款盖罐
White glazed jar and lid inscribed Ying "盈" Tang Dynasty
通高31.5厘米 口径9.8厘米 底径9.5厘米
河北省临城县文物保管所藏
上置盖,口微外撇,圆唇,短颈,丰肩,肩以下渐敛,平底,带拱形圆钮盖,底部阴刻"盈"字款。里外满釉,盖内及罐底无釉,釉色洁白似雪,釉面莹润光亮。是传世邢窑白瓷中一件稀有珍品。

唐　白釉"盈"字款盖罐
White glazed jar and lid inscribed Ying "盈" Tang Dynasty
通高23.1厘米　口径6.6厘米　底径8.2厘米
侈口圆唇，直颈，丰肩鼓腹，腹下渐内收，平底。有盖。通体施白釉，釉色雪白莹润。胎质细腻洁白，结构紧密，造型浑圆饱满，端庄丰盈。

千年邢窑

唐　白釉罐

White glazed jar Tang Dynasty

高 15.8 厘米　口径 7.3 厘米　底径 8.1 厘米

故宫博物院藏

圆唇，口外侈，短颈，丰肩，肩以下渐敛，平底。胎坚细洁白，里外满釉，
底无釉，釉色洁白似雪，釉面莹润光亮。

唐 白釉"翰林"款罐
White glazed jar inscribed Han-lin "翰林" Tang Dynasty
高 12.3 厘米　口径 6.5 厘米　底径 5.7 厘米
唇口，短颈，弧腹，平底，底阴刻"翰林"字款。胎细白坚硬，釉
白中泛青，光亮莹润，底无釉。

唐 白釉"翰林"款罐
White glazed jar inscribed Han-lin "翰林" Tang Dynasty
高 25.5 厘米　口径 10.4 厘米　底径 10.5 厘米
河北省内丘县西永安唐墓出土
河北省内丘县文物保管所藏
罐口微撇，圆唇，短颈，溜肩，圆腹，腹以下渐收敛，平底。底阴刻"翰林"款。胎质洁白细腻，通体施白釉，釉色白中泛青，釉面光洁明亮。

唐　白釉"翰林"、"盈"字双款罐
White glazed jar inscribed Han-lin "翰林" and Ying "盈" Tang Dynasty
高22.5厘米　口径10.5厘米　底径9.2厘米
陕西省西安市唐大明宫遗址出土
陕西省西安市文物保护考古研究所藏
圆唇，鼓腹，平底，底阴刻"翰林"、"盈"字双款。胎质坚实细腻，内外施
透明釉，釉质莹润，积釉处泛水绿色。此器是目前发现的唯一一件器上刻有
"翰林"和"盈"字双款的邢窑器物。

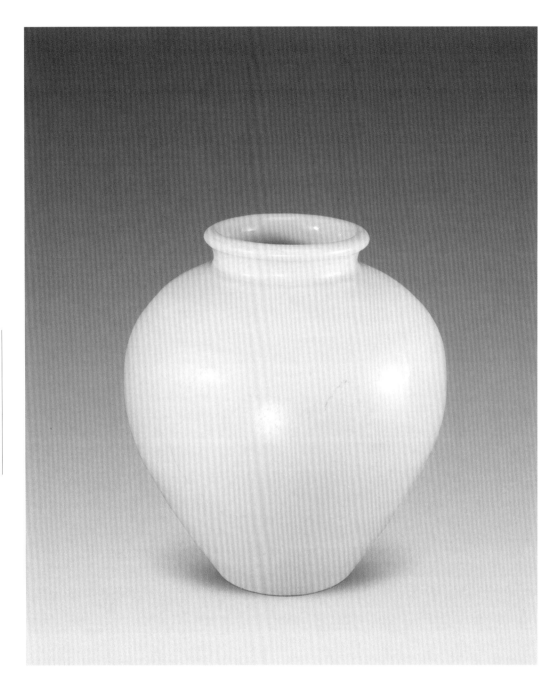

唐 白釉"盈"字款罐
White glazed jar inscribed Ying "盈" Tang Dynasty
高16.5厘米　口径7.2厘米　　底径5.1厘米
侈口，唇沿外卷，丰肩，腹下内收。流线圆直相间，美不胜收，平底，
底足削棱一周。胎洁白细腻，质坚硬，釉色白而纯净，釉面莹润。

唐　白釉四系罐
White glazed jar with four lugs Tang Dynasty
高27厘米　腹径24厘米　底径10.2厘米
1992年陕西省西安市长安区南里王村出土
陕西省考古研究所藏
平口，直颈，鼓圆腹，肩置四条双泥系，有
双线弦纹两道。平底，足外撇。胎质细白，
釉透亮，色泛浅绿。

唐　白釉罐
White glazed jar with thicken lip Tang Dynasty
高14.5厘米　口径8.8厘米　底径7.7厘米
圆唇，短颈，丰肩，弧腹，平底。此器造
型丰满庄重，胎质细腻洁白，釉面白净光
润。

唐　白瓷带流罐

White glazed jar with thicken lip Tang Dynasty

高 37 厘米　腹径 27 厘米

1984 年陕西省西安市东郊田王乡出土

陕西省西安市文物保护考古研究所藏

小口，唇外卷，矮颈，丰肩，鼓腹下收，平底。肩上有一小短流，施白釉，微泛青，此器体型高，造型丰满，烧造规整，釉面光润，晶莹肥厚，胎质细腻白润。

唐　黄釉席纹罐
Yellwoish glazed jar with mat decoration Tang Dynasty
高 9.2 厘米　口径 9.6 厘米　足径 10.2 厘米
唇口，矮颈，丰肩，束腰，矮腹，平底。肩刻席纹，
腰有多道弦纹。通体施黄釉，胎灰白，稍粗。

唐　黑釉双系罐

Black glazed jar with double lugs Tang Dynasty

高6.9厘米　口径3.9厘米　底径3.6厘米

河北省邢台商都博物馆藏

圆沿，短颈，丰肩，鼓腹，平底。黑釉不纯正，肩上及口沿系窑变出不同程度的赭黄色，半截釉。

唐　白釉双系罐

White glazed jar with double lugs Tang Dynasty

高10.3厘米　口径4.3厘米　足径4.8厘米

河北省邢台商都博物馆藏

圆沿，短颈，丰肩鼓腹，上肩附两个双泥条系，实足平底。胎灰白，较细腻。釉泛青绿，釉质不纯净，开稀散的长线片，土浸较重，呈现不同程度的云雾状，色呈土黄，釉不到底。

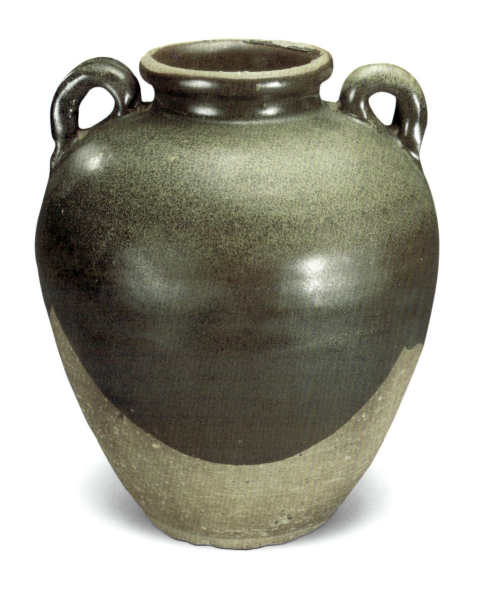

唐 窑变橄榄绿釉双系罐
Olive green glazed jar with dbuble lugs Tang Dynasty
高 24.7 厘米　口径 9.1 厘米　底径 10.5 厘米
圆沿，短颈，鼓腹较长，上肩附两个双泥条系。灰胎较粗，能看到石英颗粒，质坚，无釉处呈铁红色。施赭褐色釉，肩上窑变出橄榄绿色。

唐　白釉小粉盒
White glazed box and cover Tang Dynasty
高3.6厘米　直径5.8厘米　底径3厘米
内施黑釉。

唐　黑釉小粉盒
Black glazed box and cover Tang Dynasty
高2.2厘米　直径4.2厘米　底径2.5厘米
内施白釉。

唐　黑釉小粉盒
Black glazed box and cover Tang Dynasty
高3厘米　直径4.2厘米　底径2.6厘米
盒形，平底，子母口，上下均刻有记号，
以防烧时变形而盖不严。胎洁白，外施黑
釉光亮，棱角釉薄处呈白色向黄黑色过
渡，内施白釉，十分独特。

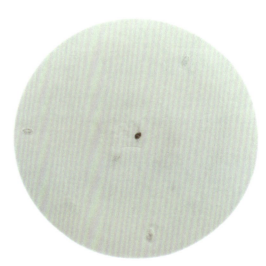

唐　白釉"盈"字款盖盒
White glazed box and cover inscribed Ying "盈" Tang Dynasty
高 7.2 厘米　直径 15.7 厘米
上海博物馆藏
扁圆形体，盖面器底微微拱起，底部有三个小支钉痕，底心釉
下刻"盈"字。胎质白细致密，釉质洁白匀净。通体内外均施
白釉，仅子口接触处有芒。

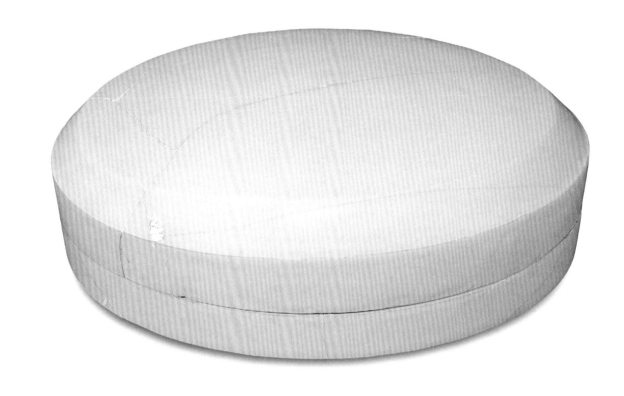

唐　白釉大盖盒
White glazed big box and cover Tang Dynasty
高 10.3 厘米　直径 25.3 厘米
外底有三个支钉痕。形体较大，制作规整，线条流畅，胎洁白细腻，通体施白釉，釉色
白中泛青，满釉。

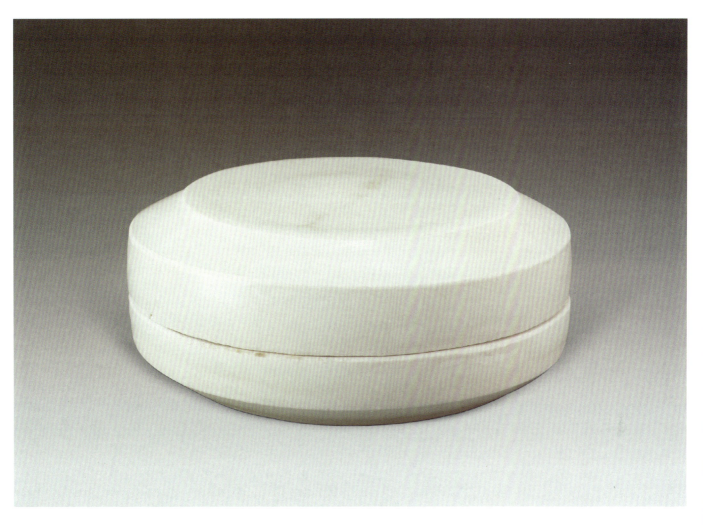

唐 白釉"盈"字款粉盒
White glazed box and cover inscribed Ying "盈" Tang Dynasty

高4厘米 直径8.3厘米

上下均等,折角,直壁,子母口,有芒,旋削规整,棱角分明。胎质洁白坚硬。满釉,釉色白中泛青。底有三支钉痕,阴刻"盈"字款。

唐　三足小粉盒

White glazed small box and cover with three feet Tang Dynasty

通高 4.4 厘米　直径 4.9 厘米

盖有锥形钮，下置三足，斜直壁，上小下大，口有芒。胎坚硬，色泛灰。通体施白釉，釉色微泛青，釉面较光润。

唐　白釉带钮油盒

White glazed box and cover Tang Dynasty

高 4.2 厘米　直径 5.3 厘米　足径 2.2 厘米

盖有钮，直壁，饼状实足。胎细白坚硬，器外施白釉不到底，釉色泛青绿，较光润，底无釉。

唐　白釉明器一套

A set of vessels Tang Dynasty

小执壶：高4.8厘米　口径1.9厘米　底径1.7厘米
小高足杯：高3厘米　口径5.2厘米　底径2.3厘米
小水盂：高2.4厘米　口径2.1厘米　底径1.9厘米
小酒杯：高1.6厘米　口径2.6厘米　底径1.02厘米
胎白质细，较坚硬，釉较光亮，色白中泛青。小巧玲珑。

唐　青釉人物灯台

Green glazed Lampstand in the shape figure Tang Dynasty

残高 11 厘米

1984 年 8 月河北省内丘县双流洞窑址出土

河北省内丘县文物保管所藏

灯呈男人蹲坐姿，平底呈方形，人物造型美观，面容丰满，上身袒露，右手举托灯盏（已残失），左手下垂置膝上。胎坚硬灰白，除底外，通施黄褐釉，釉面流动较大，积釉多。

唐　铁红釉人物灯台

Iron veddish glazed Lampstand in the shape of figure Tang Dynasty

残高 12 厘米

蹲坐式，面目狰狞，肌肉发达，一手举托灯盏（已残失），另一手扶于左腿，下为一方形座，中空。胎质十分坚硬，胎色青灰。通体施铁红釉，釉面呈金属光泽，十分光亮。

唐 白釉"盈"字款枕

White glazed Head-rest inscribed Ying "盈" Tang Dynasty

高 7.7 厘米　面 15.2 × 11.2 厘米

1960 年山西省长治市东郊唐墓出土

山西省长治市博物馆藏

枕体长方形，枕面略弧，枕边抹角，腹下收，平底无釉。此枕釉色洁白，胎体细腻坚实，较厚重，釉白中泛黄，使用磨痕明显。此器造型简朴大方，是目前发现的唯一一件邢窑"盈"字款白釉瓷枕。

隋至唐　白釉香薰

White glazed incense burner Tang Dynasty

高6.2厘米　口径2.8厘米　底径6厘米

1989年陕西省西安市长安区南里王村出土

陕西省考古研究所藏

敛口，钟式，腹有三个等距分布的四长孔窗栅，窗栅上下各有两道弦纹，平底，足外侈。胎硬，稍粗，釉白中泛绿，有细小开片纹。

千年邢窑

唐 白釉茶炉

White glazed tea burner Tang Dynasty

高8.2厘米 口径10.7厘米 足径5.2厘米

河北省临城县文物保管所藏

上置双环系釜,下为炉,炉面正中为投柴孔,炉身开窗格状和兽头状烟气孔,下为饼状实足。通体施白釉,釉光亮莹润,釉色白中泛青,胎体细白坚硬。造型新颖别致。

唐　白釉塔形香熏炉

White glazed incense burner Ta ng Dynasty

高 7.3 厘米　底径 4.4 厘米

河北省邢台商都博物馆藏

器呈塔形，尖顶，溜肩，圆腹，腹肩处有一心形镂空。胎灰白致密，通体施釉至下腹部，近底处露胎，平底。釉较厚，釉色莹润光亮，洁白细腻。

唐　白釉"盈"字款茶炉

White glazed burner inscribed Ying "盈" Tang Dynasty

高 9 厘米　口径 7.4 厘米　底径 4.5 厘米

上置宽沿双环系，炉为扁棒槌瓶形，平底阴刻"盈"字款。造型别致，做工稍微粗放，系茶具之一。胎坚硬，稍厚重。通体施白釉，釉面光亮，白中泛青。

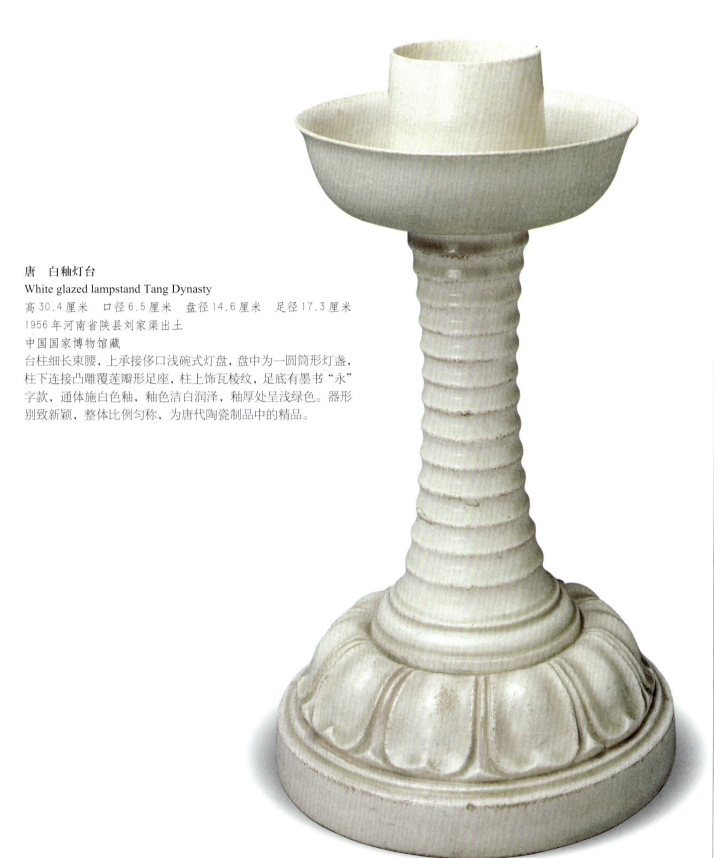

唐　白釉灯台
White glazed lampstand Tang Dynasty
高30.4厘米　口径6.5厘米　盘径14.6厘米　足径17.3厘米
1956年河南省陕县刘家渠出土
中国国家博物馆藏
台柱细长束腰，上承接侈口浅碗式灯盘，盘中为一圆筒形灯盏，柱下连接凸雕覆莲瓣形足座，柱上饰瓦棱纹，足底有墨书"永"字款，通体施白色釉，釉色洁白润泽，釉厚处呈浅绿色。器形别致新颖，整体比例匀称，为唐代陶瓷制品中的精品。

唐　白釉鹅形三足炉

White glazed incense burner in the shape of goose Tang Dynasty

高 17 厘米　口径 14.5 厘米

1990 年河北省内丘县四里铺村出土

河北省内丘县文物保管所藏

圆唇，盘口外侈，弧腹，圆底，下附三个高扁蹄足，前首置扁形鹅首，后口沿附六叶瓣形鹅尾。胎白质坚，釉白中泛黄，釉光亮度较差，系欠火而致。

唐　黄釉杂技象形灯

Yellowish Lampstand with acrobats riding elephant Tang Dynasty

高20厘米　口径10.2厘米　足长12厘米　足宽9厘米

河北省邢台商都博物馆藏

象为模压成型，后贴塑。象中空，立于有莲纹装饰的扁圆形底托上，头及象鼻下垂，上挂一人字纹带饰。象满身披有装饰带并挂花，富丽华贵。象背上有四个杂技俑，前侧露面戴头饰，左侧头戴牛头面具，右侧头戴野猪面具，后侧头戴狮子头面具，四人蹲跪。上顶钵碗。胎灰稍粗，施白色化妆土，通体施黄釉，釉有少量开片，由于胎釉结合不好，局部釉面有剥落现象。

唐　白釉黑篷牛车

White glazed cart drawn by an ox with black glazed hood Tang Dynasty

高16.8厘米　车轮径5厘米

故宫博物院藏

车双轮，篷顶，内正中端坐一高髻贵妇，车前一壮硕肥牛，状欲前行。左侧立一车夫，正勒紧笼套和缰绳做出发前的准备。此车白身黑篷，色彩对比强烈，生动传神。

唐　白釉带座立象
White glazed elephant and stand Tang Dynasty
通高8厘米　长10.5厘米
河北省临城县中羊泉村唐墓出土
河北省文物研究所藏
象作立姿，低首，卷鼻，前腿部内侧浮雕一牵象立俑，面部向外。下有长
方形抹角饼状座，座中央镂空。胎细白坚硬，釉色白中泛黄，较光亮。

唐　白釉子母狮

White glazed lioness Tang Dynasty

高10.8厘米　底径6.3厘米

故宫博物院藏

狮昂首，两眼凸起，双耳直立，张口露齿。长须，卷发，前腿直，后腿曲，尾上卷，俯卧于方台上。狮两前腿之间卧一幼狮。狮的眼睛及腿部均点以褐彩。台为方形，上下垂直，四周施褐色釉，深处呈现黑色。

唐　白釉卧狮

White glazed lying lion Tang Dynasty

高6厘米　座长7.9厘米　宽6厘米

呈伏卧状，下置长方形座，狮仰头，双目圆睁，张口露牙，一腿扬起，
造型生动。胎质坚硬细腻，釉呈水绿色透明状，肥厚青翠。

唐　白釉带座蹲狮

A pair of white glazed crouching lions Tang Dynasty

左：高12厘米　座高4厘米

右：高14厘米　座高4厘米

1978年河北省临城县中羊泉村出土

河北省文物研究所藏

狮两件成对，均蹲坐状，挺胸昂首，张口结舌。项系带铃的绥带，下为覆斗状方座。左狮
项带铃五颗，右狮项带铃四颗。釉色白中泛青，光泽莹润。

唐 至 五 代

唐 白釉辟雍砚

White-glazed inkslad Tang Dynasty

高2.6厘米 面径5.6厘米 足径6.5厘米

陕西历史博物馆藏

砚面圆形稍鼓，与外沿之间有一周凹槽，用以承存墨汁。砚底圈足上设十五只人面兽足，人面张口。胎质洁白细腻，除砚面外皆施白釉，釉色光洁莹润，稍厚处微泛青，有开片。

唐　白釉辟雍砚

White glazed inkslab Tang Dynasty

高2.4厘米　面径5.8厘米　足径6.1厘米

陕西省西安市东郊唐墓出土

陕西历史博物馆藏

砚面圆形稍凹，砚面与外沿之间有一周凹槽。砚底圈足之上设13只人面兽足，人面微笑。

胎质洁白细腻，除砚面外皆施白釉，釉色光洁莹润，釉厚处微泛青。

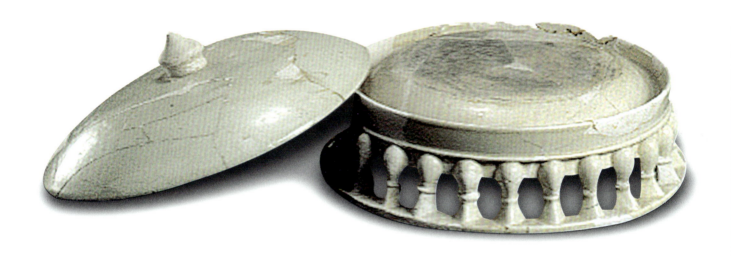

唐　白釉带盖辟雍砚
White glazed inkslab and lid Tang Dynasty
高 18.4 厘米　直径 31.5 厘米
1986 年陕西省咸阳市礼泉县长乐公主墓出土
陕西省昭陵博物馆藏
砚有盖，盖上有一圆锥形钮，子开口，砚下有多足座，周边有棱，
砚面中心稍隆起，有墨痕。

唐　三彩碗

Polychrome glazed bowl Tang Dynasty

高 4.5 厘米　口径 14.5 厘米　底径 6.3 厘米

敞口，曲腹，饼状实足，厚胎，内有三支钉。陶胎，胎色粉白，内施黄、绿、白
三种色釉，釉面光亮。外半釉。

唐至五代　绿釉花口碗

Green glazed Lobed bowl Tang and Fine Dynasties

高5.8厘米　口径12.5厘米　足径6.2厘米

撇沿，花口五出，曲腹，宽圈足，口及外腹脱釉严重。胎质坚硬，声清脆，胎色青灰。通体施绿釉，釉光亮。

唐　三彩印花花口盘

Polychrome glazed Lobed dish with impressed designs Tang Dynasty

高2.7厘米　口径14.8厘米

花口，平底。陶胎，施化妆土，内有印花。施红、绿、白三彩，釉光亮。

唐 白釉绿彩印花花口盘

White glazed plate with green splashed dewration and
impressed designs Tang Dynasty

高 2.4 厘米　口径 14.8 厘米　底径 9.5 厘米

花口，平底，印花边饰分四组，呈对称各两组，一组几何
纹，另一组卷云纹。底有三个支烧痕。陶胎，胎白细腻，
施低温白釉点草绿色彩，干净亮丽。

唐 赭红釉三足炉

Brown reddish glazed incense burner with three feet Tang Dynasty

高 14.4 厘米 口径 13.4 厘米

罐形，侈口，卷沿，短颈，圆腹，平底，三兽足。胎白坚硬，施赭红釉，足施黄
釉，色彩艳丽光亮。

唐　三彩三足炉

Polychrome glazed incense burner with three feet Tang Dynasty

高 13.7 厘米　口径 11.2 厘米

罐形，侈口，卷沿，短颈，圆腹，小平底，三兽足。胎坚密呈浅土黄色。施绿、黄彩釉，色彩鲜艳明亮。

唐　三彩三足炉

Polychrome glazed incense burner Tang Dynasty

高17.5厘米　口径13.5厘米

20世纪80年代中期河北省内丘县民兵训练基地出土

河北省内丘县文物保管所藏

侈口，卷沿，短颈，折肩，直腹下放，平圆底，下附三兽足。

胎质较细白，上施褐、黄、绿三彩釉，釉不及底。

唐　三彩三足炉

Polychrome glazed incense burner Tang Dynasty

高14.4厘米　口径12厘米

2006年5月河北省临城县东柏畅寺台地唐墓出土

河北省临城县文物保管所藏

侈口，卷沿，圆唇，短颈，鼓肩，斜腹近直，平底，三兽足。胎白，质坚硬，器内薄施黄釉，荡釉不匀，颈腹交接处无釉，器外挂红、黄、绿三色釉至下腹部，三足施釉，釉色莹润明亮，釉层较厚，有细密小开片。

千年邢窑

唐　三彩钵

Polychrome glazed bowl Tang Dynasty

高 8.6 厘米　口径 9.6 厘米　底径 6.8 厘米

2006 年 5 月河北省临城县东柏畅寺台地唐墓出土

河北省临城县文物保管所藏

敛口，鼓肩，弧腹，平底。胎白质硬，较粗。器内无釉，器外施红、绿、黄三色釉至
中腹。

唐　三彩釉带托三足风炉

Polychrome glazed burner and stand with three feet Tang Dynasty

高 12.3 厘米　口径 7.7 厘米

上置一带双环系釜，下为炉，炉正面为投柴孔，两侧置桃形烟孔，中凸出作五出状花口盘，下为圆底，三兽足。灰白色陶胎，除足底外，通体均施绿釉点褐彩。造型别致。

唐 白釉绿彩执壶

White glazed ewer with green splashed decoration Tang Dynasty

高 17.1 厘米　口径 7 厘米　底径 6.4 厘米

扁圆唇，口沿外侈，高直颈，丰肩，鼓腹，平底。肩部前置管状短流，后置双圆条系，与口沿相连接。造型典雅简洁。胎骨坚致，胎色青灰，其内外施白色化妆土不到底，施白釉点绿彩，釉面光润，有细小开片，由于釉自然流淌形成流畅生动的动态美的图案。

唐 绿釉陶执壶
Green glazed Earthenware ewer Tang Dynasty
高14.2厘米 口径5.6厘米
20世纪80年代初河北省临城县射兽唐墓出土
河北省临城县文物保管所藏
喇叭口，高颈，直流，双泥条柄，溜肩，鼓腹，饼状实足外撇。白色陶胎，施绿
色低温铅釉，内半釉，外施釉不及底，釉下挂白色化妆土，釉面严重脱落。

唐　赭红釉陶瓶

Brown reddish glazed earthen ware vase Tang Dynasty

高 14.2 厘米　口径 5.2 厘米　底径 6.4 厘米

2002 年 2 月河北省邢台市粮库唐墓出土

河北省邢台市文物管理处藏

小口，外翻唇，束腰，弧腹，小平底。陶胎体细白，做工精细。

施赭红色半透明釉，半釉，较光亮。

唐　三彩卧兔枕

Polychrome glazed head-rest in the shape of lying rabbit Tang Dynasty

高7.7厘米　长12.1厘米　宽8厘米

1972年河北省安新县唐墓出土

河北省博物馆藏

兔睁目伸身，俯卧于椭圆形座板上，背承椭圆形枕面，上刻莲花，施蓝、绿、褐三色釉。胎灰白，施化妆土。

唐　白釉串珠

A string of white glazed bdads Tang Dynasty

高 0.6 厘米　直径 0.8 厘米

形制大小基本相同，扁圆形，中间有孔。其中有一颗瓜棱形。胎质坚硬，施白釉，釉色洁白。

唐　赭褐釉串珠

A string of reddish brown glazed
bdads Tang Dynasty

高 0.7 厘米　直径 1.2 厘米

2006 年 5 月河北省临城县东柏畅寺台地唐墓出土

河北省临城县文物保管所藏

形制大小基本相同，扁圆形，腹部呈瓜棱状，中有孔。红褐胎，施赭褐色釉。

唐　白釉戏童俑
White glazed playing children finures Tang Dynasty
高 4.5～4.6 厘米
手工捏制，或抱物或抱手或扶腿蹲坐，生动活泼。胎细白，釉白中泛青。

唐　白釉生肖俑

White glazed Twelve Animals

Tang Dynasty

马 5 厘米

牛 4.4 厘米

虎 4.1 厘米

兔 6.2 厘米

龙 4.9 厘米

鸡 4.2 厘米

猴 5.2 厘米

均执板，人身，生肖头。胎坚硬
洁白，釉色白净莹润，白中泛青。
系手工捏制而成，生动活泼。

唐　白釉点彩骑马小俑
White glazed riding tigures Tang Dynasty

唐　白釉点彩小动物
White glazed animals Tang Dynasty

宋 至 金 元

Song Dynasty to Jin and Yuan Dynasty

北宋 白釉瓜棱折腰碗

White glazed lobed bowl Northeru Song Dynasty

高5.2厘米　口径18.8厘米　足径7.8厘米

河北省临城县文物保管所藏

器葵瓣口，斜壁，圈足。此器最大特点是其形制的独特性，它不仅在器口上饰出葵花瓣
的形象，更重要的是将这种形象向器身延伸，使器身器口花叶连接，因而富有饱满的立
体效果。胎质较硬，色灰白，釉面光润，色白中泛黄。

北宋　灰白釉荷叶形菱花托盘杯

Grey glazed lotus-shaped cup and lobed stand Northeru Song Dynasty

杯高7.7厘米　口长10.9厘米　口宽4.8厘米

盘长14.2厘米　宽13厘米　足径7.6厘米

河北省邢台商都博物馆藏

此器下为菱花形方盘,边沿刻两道阴纹边饰,盘上是一荷叶形高足杯,它们组装烧成一体。荷叶荷花是邢窑表现的重要题材,这件荷花托盘杯造型简练,形象生动。胎灰白,胎体较薄,釉下施有一层薄薄的白色化妆土,透出一点灰胎色。

北宋　白釉蹲坐狮

White glazed crouchant lion Northern Song Dynasty

高 8.6 厘米

1997 年河北省临城县中学南学区（城隍庙旧址）出土

河北省临城县文物保管所藏

头部毛发较长，嘴微张，怒目侧头。呈蹲状，有合模痕。胎较坚硬细腻，釉白中泛黄。

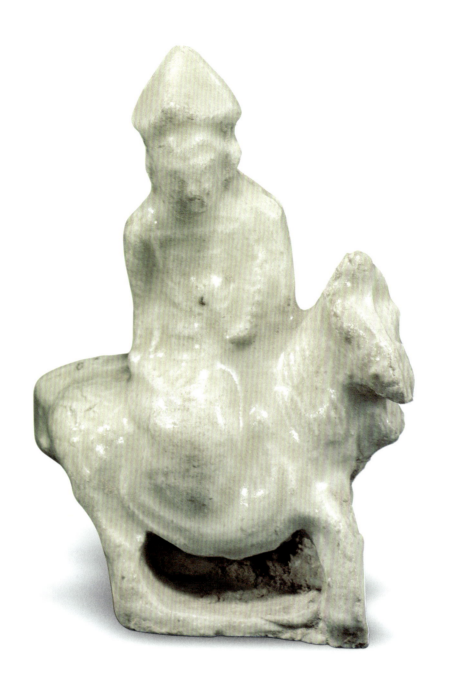

北宋　白釉骑马俑

White glazed riding figure Northern Song Dynasty

高 9 厘米

1985 年河北省临城县普利市场出土

河北省临城县文物保管所藏

马呈奔走状，马头向右侧扭转，目视斜前方，骑马人头饰幞头，身着圆领长衫，骑在马背上，面向右侧扭转，左手勒住缰绳，右手自然垂于胸前。通体施白釉，釉色光亮莹润。

北宋 素白胎瓷象棋子

White biscuit Chinese chest pieces Northern Song Dynasty

厚0.6厘米 直径2.6厘米

白陶胎，质硬，双面模压印瘦金体字，共32枚。分为红黑两色。

北宋　白釉点褐彩敛口钵

White glazed bowl with brown spot dewration Northern Song Dynasty

高 7.4 厘米　口径 12.5 厘米　足径 6.3 厘米

1984 年 7 月河北省内丘县城北街出土

河北省内丘县文物保管所藏。

敛口，扁唇，口沿点团状褐彩。弧腹，圈足，胎灰白坚硬，器外半釉，釉灰白不光亮。

北宋　酱釉瓶

Reddish brown glazed vase Northem Song Dynasty

高 23.2 厘米　口径 5.8 厘米　足径 9.1 厘米

1989 年河北省临城县水泥厂宋墓出土

河北省临城县文物保管所藏

圆唇外撇，短颈，丰肩，圆腹，腹以下渐收，近底处外撇，平底。内外施酱釉，外施釉不到底，肩部有一圈无釉带，系为叠烧其他大口器物而刮去釉面。胎灰白坚硬，釉润泽。

北宋　黄绿釉陶塔式罐

Greem glazed earthenware in the shape of pagoda Northern Song Dynasty

通高62厘米　底径17.5厘米

2005年河北省临城县岗西村北砖厂北宋墓出土

河北省临城县文物保管所藏

硬陶，橘红胎，由器盖、罐、器座三部分组成。器盖顶宝珠形钮，带四层相轮的塔刹。仰莲状沿，中空，罐口微侈，圆唇，溜肩，鼓腹，腹下内收，平底，上腹贴塑六个模印花卉。器座侈口，圆唇，束颈，斜肩，凸鼓腹，斜直喇叭口底，中空。盖施黄釉，罐与座施绿釉。釉不到底。釉色鲜艳明亮，釉质温润。座近底露胎处有墨书款识。

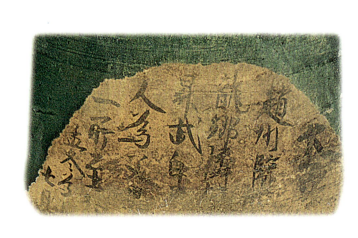

北宋　白釉刻童子纹短流注壶

White glazed ewer with short spout and incised children design Norther Song Dynasty

高11.2厘米　口径3.8厘米　足径6.3厘米

圆唇，无颈，小短流，扁泥条把，斜肩，肩刻花叶纹，腹中正反面均刻一坐姿童子，线条简练生动，圈足底。通体施白釉，釉润柔，色白中泛灰黄，底心无釉，胎色灰白，釉下施有极薄的化妆土，与临城县澄底窑址瓷片胎釉一致。

北宋　白釉印花长方枕

White glazed ratangle head-rest with molded designs Northern Song Dynasty

高10.4厘米　面长17.5厘米　面宽10厘米

1996年河北省临城县岗头一砖厂出土

河北省博物馆藏

枕呈长方形，上呈曲板状，枕面四周阴刻双道弦纹，正反面印鹤、鱼戏莲纹。横面分别印立鹤莲花纹，四立面均衬水波底纹和联珠纹，下为一板形平底。胎灰白，较坚硬，釉色白中泛黄，较光润。

金　白釉折腰碗

White glazed shallow bowl Jin Dynasty

高 4.3 厘米　口径 18 厘米　足径 6.5 厘米

1986 年河北省临城县城西林场出土

河北省临城县文物保管所藏

敞口外撇，折腰，小圈足。胎坚细洁白，釉色莹润光亮，通体施白釉，口局部有粘痕。

金　白釉印花双鱼纹碗

White glazed bowl with molded dewration Jin Dynasty

高 3.5 厘米　口径 16.7 厘米

河北省临城县射兽砖厂出土

河北省临城县文物保管所藏

敞口微敛，浅腹，圈足。内沿饰回纹一周，壁饰莲花纹，底饰同向双
鱼纹和水波纹。胎体灰白，通体施白釉，釉白中泛灰。

金　白釉直腹盖罐
White glazed jar and lid Jin Dynasty
高9.5厘米　口径10.8厘米
1986年河北省临城县城西林场出土
河北省临城县文物保管所藏
盖呈帽形，扁圆形钮，罐呈钵形，直口微敛，直腹，圈足。
通体施白釉，釉色柔润白净，内底有涩圈。

金至元　黑釉梅瓶
White glazed Mei ping Jin and Yuan Dynasty
高 35.6 厘米　口径 3.7 厘米　底径 7 厘米
河北省临城县文物保管所藏
高直口，短颈，溜肩，鼓腹下束腰，内收，圈足，肩至
下腹部有装饰性凹陷纹。胎灰白较粗，施化妆土。通体
施黑釉，釉色明亮，施釉均匀，肩部去釉一周，应为覆
烧支点，其作用是预防与匣钵粘连。

元 三彩双耳龙纹炉

Polychrome incense burner with double and molded dragon design Yuan Dynasty

通高9.3厘米　口径9.2厘米

双耳，侈口，板沿，直颈，扁腹，腹贴印龙纹，平底微凹，底墨书"至元三年"，可能是购置或使用时所写。底下粘有三角形三足。施低温铅釉，呈红、绿两色，陶胎。此器与临城县射兽东窑址出土三彩完全一致。

残器 瓷片 窑具 模具

Spoiled vessels Ceramic fragments kiln implements Earthen mould

北齐　青釉莲花插座
Green gladed socket in the shape of lotus flower Northern
Qi Dynasty
高 12.5 厘米　长 19.2 厘米

北齐　黑釉龙凤纹印花扁壶
Black glazed flask with molded dragon and phoenix
designs Northern Qi Dynasty
高 6 厘米　足径 4.5 厘米

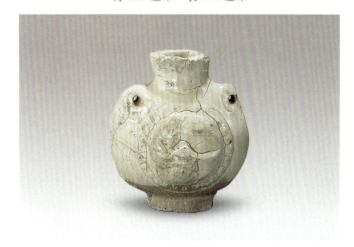

北朝至隋　白釉印花扁壶
White glaied moulded flask Northern Dynasties and Sui Dynasty
高 6 厘米　足径 2.4 厘米

北朝至隋　酱釉印花扁壶
Reddish brown glazed moulded flash Norehern Dynasties and
Sui Dynasty
高 8.5 厘米　足径长 4.5 厘米

隋　青黄釉镂空砚
Yellowish green glazed inleslab with openwork design Sui Dynasty
高 5.5 厘米　直径 21 厘米　足径 25 厘米

隋末唐初　黑釉三足砚
Black glazed inkslabe with three feet Sui and Tang Dynasty
残高 7.7 厘米　对角长 16.4 厘米

千年邢窑

隋　白釉瓷豆
Porcelain goblet Sui Dynasty
残高 3.2 厘米　口径 10.4 厘米

隋　白釉钵
White glazed bowl Sui Dynasty
高 8.2 厘米　足径 6.3 厘米（下为粘连的窑柱）

隋　白釉钵
White glazed bowl Sui Dynasty
高 12 厘米　口径 13.6 厘米

隋　白釉盘口瓶
White glazed vase with dished mouth Sui Dynasty
高 11.5 厘米　口径 3.2 厘米　足径 3.6 厘米

隋　黑釉板瓦
Black glazed tile Sui Dynasty
长 35.7 厘米　宽 24.3～25.8 厘米
厚度 1.8～2.1 厘米

隋　黑釉筒瓦
Black glazed tile Sui Dynasty
残长 25.8 厘米　宽 13.2 厘米

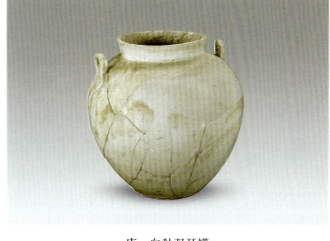

唐　白釉双耳罐
White glazed Jar with double lugs Tang Dynasty
高 22.2 厘米　口径 12.1 厘米　底径 10 厘米

唐　青褐釉双系注壶
Green broun Jar with double lugs and spout Tang Dynasty
高 19.5 厘米　口径 10.8 厘米

唐　白釉褐彩执壶
White glazed ewer with brown paint Tang Dynasty
高 17 厘米　口径 7.5 厘米

唐　白釉执壶
White glazed ewer Tang Dynasty
高 15 厘米　口径 7 厘米

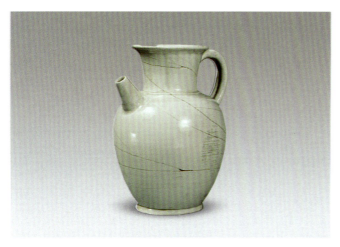

唐　白釉执壶
White glazed ewer Tang Dynasty
高 18.4 厘米　口径 8.8 厘米　足径 7.8 厘米

唐　白釉执壶
White glazed ewer Tang Dynasty
高 22.5 厘米　口径 7.8 厘米

唐　白釉马头

White glazed horse head Tang Dynasty

残高 6.4 厘米

唐　白釉双系釜

White glazed kettle with douldeugs Tang Dynasty

高 4 厘米　口径 11 厘米

唐　三彩三足盖罐

Polychrome glazed three-feet jar and lid Tang Dynasty

通高 14 厘米　口径 8.2 厘米

唐　三彩三足炉

Polychrome glazed three-feet jar Tang Dynasty

高 12.6 厘米

隋　黑褐釉埙

Brown black glazed Xun Sui Dynasty

高 5.6 厘米

隋唐　黄釉埙

Yellow glazed Xun Sui and Tang Dynasties

高 5.8 厘米

北齐 青釉深腹碗瓷片
Fragementarg green glazed bowl Norther Qi Dynasty

北齐 青釉莲花纹瓷片
Green glazed shard with lotus pedas decoration Norther
Qi Dynasty

北齐 酱釉印花扁壶残片
Shard of reddish brown glaze moulded flask Norther Qi Dynasty

隋 青、酱釉莲花座残片
Shard of green glazed socket with lotus petd decoration
Sui Dynasty

隋 赭釉瓷器残片
Reddish glaied shard Sui Dynasty

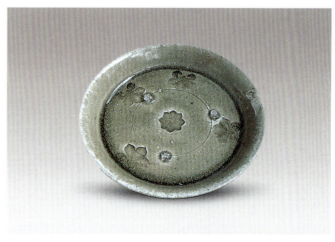

隋 青釉印花高足盘
Shard of green glazed moulded stem dish Sui Dynasty

隋 青釉深腹碗残器
Shard of green glazed bowl Sui Dynasty

隋 透影白瓷残片
Transparent white shard Sui Dynasty

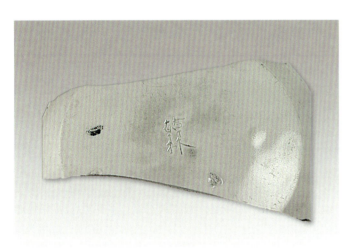

唐 白釉"翰林"款粉盒底残片
Shard of white glazed box inscribed Han-lin "翰林"
Tang Dynasty

唐 "大盈"款平足底碗残片
Shard of white glazed bowl inscribed Da-ying "大盈"
Tang Dynasty

唐 剔花纹白釉残片
White glazed shard with carved decoration Tang Dynasty

唐 白釉鱼纹穿带壶残片
Shard of white glazed pot with fish design Tang Dynasty

唐 白釉"初"字款圈足碗残片
Shard of base inscribed chu "初" Tang Dynasty

唐 白釉"盈"字款平足碗残片
Shard of bowl base inscribed Ying "盈" Tang Dynasty

唐 "盈"字款花口盘残器
Lobed bowl shard inscribed Ying "盈" Tang Dynasty

唐 白釉"江"字款碗残片
Shard of white glaied bowl inscribed Jiang "江" Tang Dynasty

唐 白釉"王"字款玉璧底碗残片
Base of ring-foot bowl inscribed wang "王" Tang Dynasty

唐 白瓷"弘"字款碗残片
White glased bowl shard inacribed Rou-hong "弘" Tang Dynasty

唐　镂雕白瓷残片
White glazed shard with openwork decoration Tang Dynasty

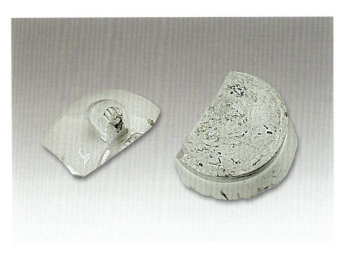

唐　白釉残片
White glazed shard　Tang Dynasty

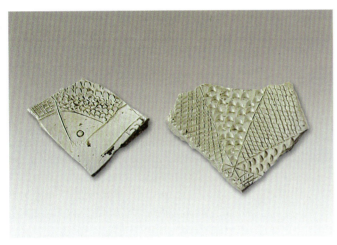

唐　鱼纹研磨器残片
Grater shard with firh design Tang Dynasty

唐　"盈"字款研磨器残片
Grater shard inscribed Ying "盈" Tang Dynasty

五代　水纹研磨器残片
Grater shard with wave design Five Dynasties

北宋　白釉柳条纹杯残片
Cup shard with sallow design Worthern Song Dynasty

唐　白釉绘褐彩瓷片

White glazed shard with brown splashed decoration Tang Dynasty

唐　白釉绿彩瓷片

White glazed shard with green splashed decoration Tang Dynasty

唐　三彩瓷片

Polyehrome glazed shards Tang Dynasty

唐　白釉绿彩瓷片

White glazed bowl shard with green splashed decoration Tang Dynasty

金　白釉褐花点彩瓷片

White glazed with brown splashed decoration Jin Dynasty

金　白釉褐花点彩瓷片

White glazed with brown splashed decoration Jin Dynasty

金　白釉褐花瓷片

White glazed shard with brown paint Jin Dynasty

金　黑褐釉"酒使司"款鸡腿瓶残片

Brown black glazed vase shard inscriboed Jiu-shi si "酒使司" Jin Dynasty

金　白釉印花花卉纹瓷片

White glazed shard with molded flower decoration Jin Dynasty

金　白釉划花莲瓣纹盖瓷片

White glazed lid with insised lotus petal decoration Jin Dynasty

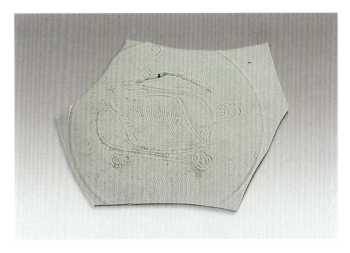

金　白釉刻鱼纹瓷片（底刻"龙"字款）

White glazed shard with carved fish decoration and mard of "龙" Jin Dynasty

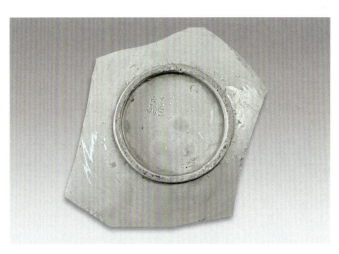

金　"龙"字款底

Base of bowl inscribed Long "龙" Jin Dynasty

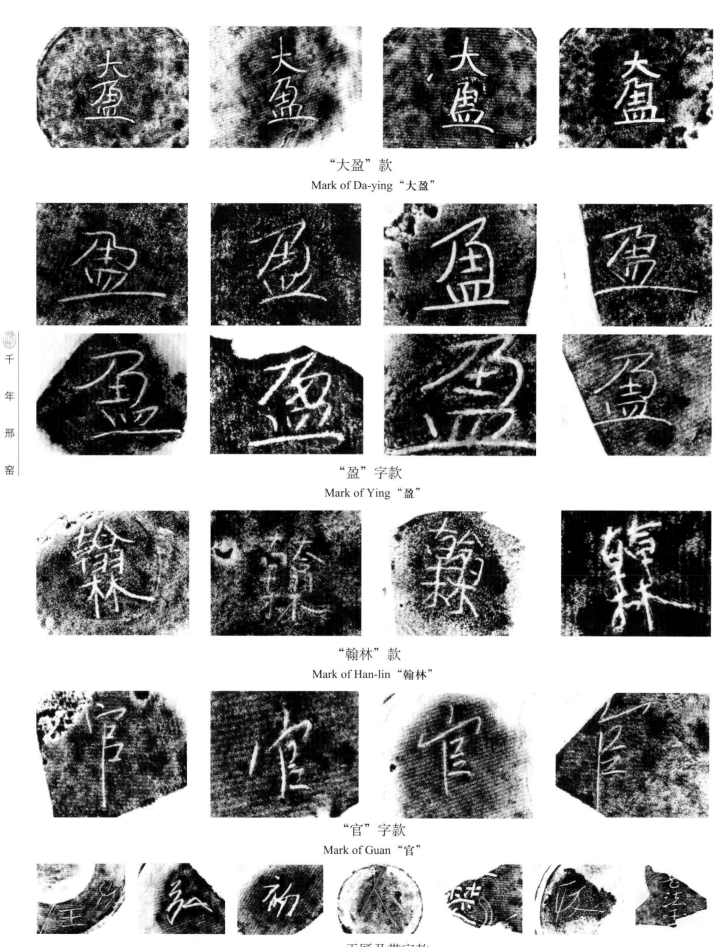

"大盈"款
Mark of Da-ying "大盈"

"盈"字款
Mark of Ying "盈"

"翰林"款
Mark of Han-lin "翰林"

"官"字款
Mark of Guan "官"

工匠及带字款
Marks of Craftsman

五代　临城祁村1号窑炉
Kiln no.1 at qi chun Lincheng Five Dynasties
南北长6.3米　东西宽3.45米

金　临城县山下1号窑炉
Kiln no.1 at shan xia Lincheng Jin Dynasty
东西长5.3米　残高1.9米

隋 "吉""利"款窑柱
Firing stand with mark of Ji-li "吉""利" Sui Dynasty
高 23.5 厘米　盘径 35 厘米　柱径 14 厘米
河北省内丘县中丰洞窑址出土

隋　窑柱
Firing stand Sui Dynasty
河北省内丘县西关西窑出土

隋　窑柱
Firing stand Sui Dynasty
河北省邢台市桥东区顺德路窑址出土

隋　A型窑柱

Firing stand of TypeA

河北省邢台市桥东区顺德路窑址出土

隋　多齿形支架

Spurred stand Sui Dynasty

河北省邢台市桥东区顺德路窑址出土

隋　支圈

Looped stand Sui Dynasty

河北省邢台市桥东区顺德路窑址出土

隋　四齿形支架

Spurred stand Sui Dynasty

河北省邢台市桥东区顺德路窑址出土

隋　圆形垫圈

Looped stand Sui Dynasty

河北省邢台市桥东区顺德路窑址出土

隋　三叉形支架

Spurred stand Sui Dynasty

河北省邢台市桥东区顺德路窑址出土

残器瓷片窑具模具

金 桶状匣钵
Columnar saggar Jin Dynasty
直径 46.1 厘米
河北省临城县山下窑址出土

金 支圈
Looped stand Jin Dynasty
直径：上 13.3 厘米 下 18.5 厘米
河北省临城县南程村窑址出土

金 "苏家"款桶状匣钵
Columhar saggar inscribed Sn-jia "苏家" Jin Dynasty
高 19.1 厘米 口径 31.5 厘米 底径 37 厘米
河北省临城县射兽窑址出土

隋　宝相纹印花扁壶陶模

Earthenwar mould of moulded fiask Sui
Dynasty

模高7.7厘米　瓶高6.4厘米

2003年河北省内丘县城关窑址出土

隋　鹦鹉型杯陶模

Earthenwar mould of parrot-shaped cup
Sui Dynasty

残高15厘米

1988年7月河北省内丘县西关窑址出土

唐　缠枝花卉陶模

Earthenwar mould carved with flower
design Tang Dynasty

残长6.5厘米

2003年7月河北省内丘县窑址出土

唐早期　人物顶灯陶模
Earthenwar mould of man and
lamp Early Tang Dynasty
高15厘米　人高14厘米
河北省内丘县中丰洞窑址出土

唐　海棠杯陶模
Earthenwar mould of lobed bowl
Tang Dynasty
高6.5厘米　长14.5厘米　宽8.2
厘米
河北省内丘县城关窑址出土

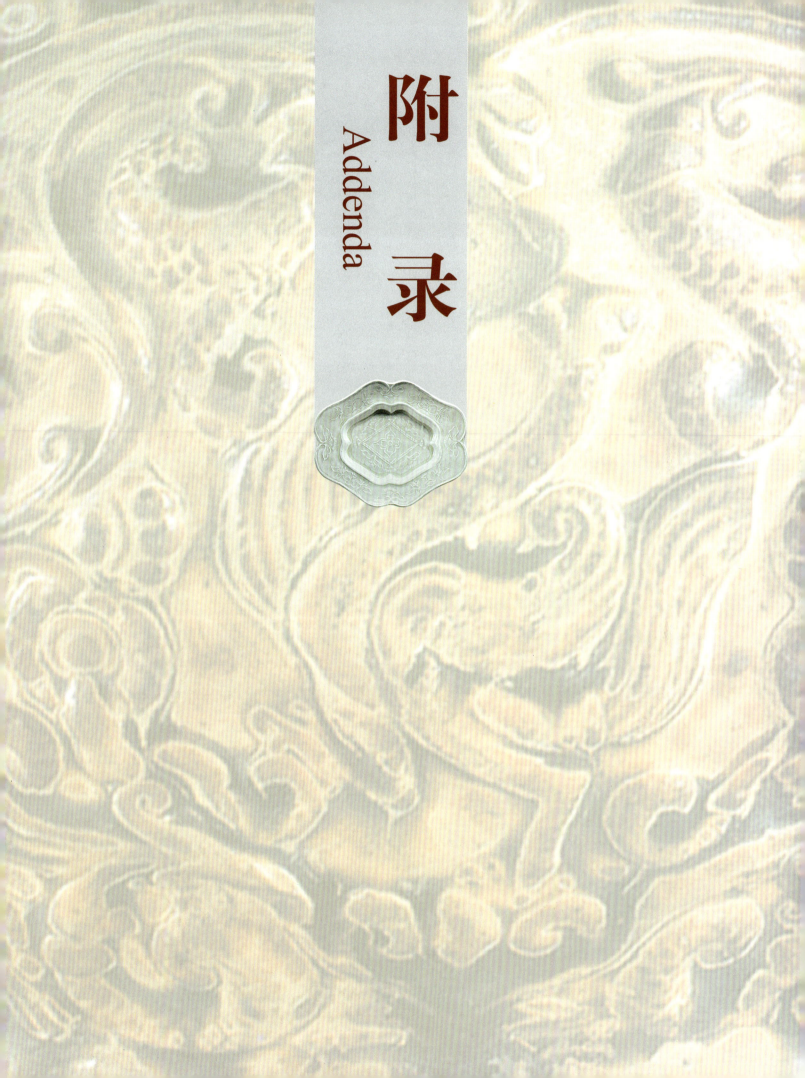

附 录
Addenda

国外邢窑藏品精粹*

The Treasure Collections of Xing Kiln in Foreigh Countries

赵庆钢

1、棕釉扁壶　隋

Brown glazed tlask Sui Dynasty

高 23 厘米

1936 年 10 月收藏

据《中国陶瓷》，沙拉夫·唯克著，英国博物馆出版，意大利印刷，1991
年首版，1997 年重印，2005 年重新校订。编号 45，第 63 页。

2、橄榄绿彩卵形瓶　隋—唐

Olive green glazed Vase Sui and Tang Dynasty

直径 25.7 厘米

早期，佳士得·中国瓷器工艺品·纽约·2003 年 9 月 18 日，拍卖编号
209。据 2004《古董（拍卖年鉴）2003/01/01 — 2003/12/31》陶瓷器高
古釉 1 — 13，台北市华艺文化事业有限公司 2004 年出版。

*选用器物的名称、年代均依据外文（翻译文）图书资料介绍，表述基本选用原文的内容。

3、白釉四系罐　隋
White glazed jar with four lugs Tang Dynasty
高 30 厘米
1968 年 4 月收藏
内壁涂釉，底无釉。据《中国陶瓷》，沙拉夫·唯克著，英国博物馆出版，意大利印刷，1991 年首版，1997 年重印，2005 年重新校订。编号 47，第 65 页。

4、白釉狮子　隋
White glazed lion Sui Dynasty
高 9.3 厘米
1968 年 4 月收藏
据《中国陶瓷》，沙拉夫·唯克著，英国博物馆出版，意大利印刷，1991 年首版，1997 年重印，2005 年重新校订。编号 46，第 64 页。

5、邢窑白釉模印贴花盒　唐
White glazed box and cover with movlded relkef Tang Dynasty
瑞典屋列系好物东方艺术博物馆藏
故宫博物院吕成龙供稿

6、邢窑白釉执壶　唐
White glazed ewer Tang Dynasty
瑞典屋列系好物东方艺术博物馆藏
故宫博物院吕成龙供稿

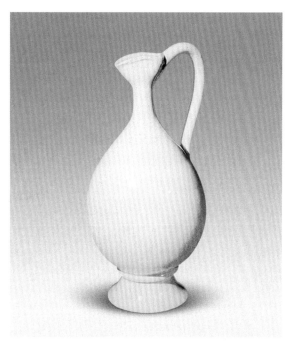

7、邢窑白瓷执壶 唐

White glazed ewer Tang Dynasty

高 33.2 厘米

苏富比·中国瓷器及外销工艺品·伦敦。2002 年 6 月 19 日，拍卖编号 14。据 2003《古董（拍卖年鉴）2002/01/01—2002/12/31》陶瓷器高古釉 1—12，台北市华艺文化事业有限公司 2003 年 3 月出版。

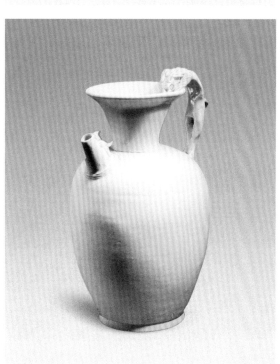

8、白瓷卧兔 唐

White glazed lying rabbif Tang Dynasty

长 13.2 厘米

此瓷兔在 1935—1936 年由皇家协会在中国国际艺术展上进行展览，展品编号为 989。现在陈列于英国博物馆，登载于 1995 年出版的《新石器时代至清代的中国玉雕》（365 页，33 号雕像）。据《中国宋代瓷器和银器》J·J·LALLY 公司外国艺术（2002 年春季版·纽约·香港印刷）第一件。

9、白瓷狮柄壶 唐

White glazed ewer with lion-shape hamdle Tang Dynasty

高 20.6 厘米

其他有关相似艺术品记载还有 1964 年斯德哥尔摩出版的《中国艺术品》第 100 页 287 至 289 号；1994 年伦敦出版的《来自美音堂的中国收藏品》第一卷 124 页，作品编号 204；被圣弗朗西斯科艺术博物馆收藏的一件相似艺术品在 1996 年伦敦出版的《中国的艺术品：新航标》中所描述，作品编号 141 号。据《中国宋代瓷器和银器》J·J·LALLY 公司外国艺术（2002 年春季版·纽约·香港印刷）第二件。

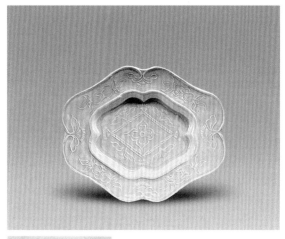

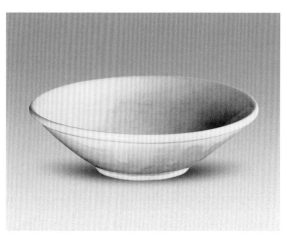

10、"盈"字款白瓷印花葵形盘 唐

White glazed Lobed plate with mowlded decoration and mark of Ying "盈"
Tang Dynasty

长 18 厘米

带有波浪形装饰的浅盘，犹如盛开的葵花，盘中央为十字形花瓣图样，图案外侧加菱形窗格，其边缘以羽状叶形图案环绕，并均采用浮雕的形式。宽阔的盘边以同样的技巧用叶形图案加以装饰，盘子外沿平滑，盘子底座高而且呈椭圆形，精细的白色瓷皿表面覆盖着浅黄的釉质，而突出部分已经剥落，盘底座没有上釉并经过精心打磨，在烧制"盈"字以前经过精心处理。1964 年在斯德哥尔摩出版的《卡尔收集的中国艺术品》第 103 页对一件底部印有"盈"字白色邢窑壶进行了详细的描述，作品编号为 298 号，已被斯德哥尔摩远东古代博物馆收藏。据《中国宋代瓷器和银器》J·J·LALLY 公司外国艺术（2002 年春季版·纽约·香港印刷）第三件。

11、白瓷狮 唐

White glazed lion Tang Dynasty

高 14 厘米

1936 年被维克多亚·阿尔博特博物馆收藏，编号 854。

据《宋代陶瓷》罗斯·？尔，维克多亚·阿尔博特博物馆远东系列，2004
年首版、香港印刷。第 40 — 41 页。

12、白釉邢窑瓷碗 唐

White glazed bowl Tang Dynasty

高 4.5 厘米

1956 年 12 月收藏

卷边的白色瓷碗表面上留下上釉时的泪痕，里面有轮子形状的痕迹，宽而平的盘底，也叫玉璧底碗。据《中国陶瓷》，沙拉夫·唯克著，英国博物馆出版，意大利印刷，1991 年首版，1997 年重印，2005 年重新校订。编号 68，第 94 页。

13、白釉香熏

White glazed incense burner

高 19.6 厘米

据《中国陶器》李 河，陕西人，1950 年出生，寒蒙斯·汉德逊公司出版，新加坡印刷，圣·弗朗西斯科亚洲艺术博物馆，编号 127，第 87 页。

14、白釉壶　唐

White glazed ewer Tang Dynasty

高 19.7 厘米

佳士得·中国瓷器工艺品·纽约·2003 年 3 月 26 日，拍卖编号 206。
据 2004《古董（拍卖年鉴）2003/01/01 — 2003/12/31》陶瓷器高古釉 1 — 12，台北市华艺文化事业有限公司 2004 年出版。

15、白瓷兽首壶　唐

White glazed ewer Dynasty

高 15.1 厘米

据中国陶瓷大系之三《汉唐陶瓷大全》，台湾艺术家出版社出版，发行人何政广，第 485 页。

16、邢窑白釉穿带壶　晚唐五代
White glazed pot Late Tang Dynasty

高 23.4 厘米

据《中国陶器》李 河，陕西人，1950 年出生，寒蒙斯·汉德逊公司出版，新加坡印刷，圣·弗朗西斯科亚洲艺术博物馆，编号 136，第 90 页。

17、白釉瓷罐　唐末五代
White glazed jar Late Tang and FIVE Dynasties

高 5.9 厘米，

1947 年 7 月收藏

釉层薄并留下上釉时的痕迹，花瓣状的装饰重复使用，底刻"官"字。据《中国陶瓷》沙拉夫·唯克著，英国博物馆出版，意大利印刷，1991 年首版，1997 年重印，2005 年重新校订。编号 69，第 95 页。

18、白釉刻花鸭式水注　唐末五代
White glazed duck-shaped water pot with carved decoration Late Tang and Five Dynasty

高 6.4 厘米　长 14 厘米

1947 年 7 月收藏

据《中国陶瓷》沙拉夫·唯克著，英国博物馆出版，意大利印刷，1991 年首版，1997 年重印，2005 年重新校订。编号 48，第 67 页。

19、八边形邢窑钵台（宋·邢窑八角臼）　10 至 11 世纪
Octagon stand of bowl Song　Dynasty

直径 25.3 厘米。

佳士得中国瓷器及艺术品·纽约 2002 年 3 月 21 日，拍卖编号 129。据 2003《古董（拍卖年鉴）2002/01/01－2002/12/31》高古釉陶瓷器 1-11，台北市华艺文化事业有限公司 2003 年 3 月出版。

历史文献中有关邢窑的记载

The Recordation of Xing Kiln in the History Literature

杨文山

唐朝是我国封建经济的繁荣时代,手工业生产得到了空前发展,烧造瓷器的窑场遍布各地,其中最著名的窑场是南方的越窑和北方的邢窑。越窑烧造的青瓷与邢窑烧造的白瓷可以相互媲美,同时著称于世,被后人誉为"南青北白",这在我国唐代文献中是有记载的。从唐末至五代,由于种种原因,邢窑白瓷生产出现了衰落现象,但至北宋复有再兴之势,虽不能与唐时的兴盛状况相比,却仍为我国北方烧造白瓷乃至烧造贡瓷的名窑之一,这在我国宋代的文献中也是有记载的。金元明清时期,有关邢窑的记载已不再见,所见到的基本上都是对唐代有关邢窑文献记载的摘抄,且又多有疏误。

一 唐代文献中有关邢窑的记载

邢窑烧造历史悠久,但始于何时不见记载。不过由于唐朝是邢窑烧造的昌盛阶段,再加上邢窑白瓷进贡皇室,以及文人墨客将饮酒品茶使用邢瓷视为"雅趣",因此,有关邢窑的文献记载不仅始见于唐,而且有价值的文献记载也大多集中在唐朝。

根据唐朝的政治经济形势,我们可以将唐朝历史分为四个阶段[①]:一是高祖、太宗、高宗时期,即公元618至683年的六十五年间,可以称作"初唐";二是武则天、中宗、玄宗时期即公元684至756年的七十二年间,可以称作"盛唐";三是肃宗、代宗、德宗、宪宗、穆宗、文宗、武宗时期,即公元757至846年的八十九年间,可以称作"中唐";四是宣宗、懿宗、僖宗、昭宗、哀帝时期,即公元847至907年的六十年间,可以称作"晚唐"。

如果这种划分可以成立[②],那么下列八处有关邢窑记载的大体时间,分别出现在"盛唐"的后半期、"中唐"的全期和"晚唐"的前半期。

第一处见于《新唐书·地理志》:

"邢州钜鹿郡,上。本襄国郡,天宝元年更名。土贡:丝布、磁器、刀、文石。户七万一百八十九,口三十八万二千七百九十八。县八:龙冈、沙河、南和、钜鹿、平乡、任、尧山、内丘。"[③]

按《新唐书》,为[宋]欧阳修等撰,全书共计二百二十五卷,其中《地理志》七卷,分别记载了唐朝的政区、人口和土贡。《地理志》前言提示:凡举诸事均在"唐之盛时开元、天宝之际"[④],由此可知《地理志》所记邢州贡瓷大体时间,在"开元、天宝"年间。但具体在哪一年没有明确。不过《元和郡县图志》明记"开元"年间邢州只贡"丝布"和"文石狮子"不贡"磁器"⑤，可知邢州白瓷入贡时间不在"开元"年间而在"天宝"年间。按"天宝"为唐玄宗年号历十五年，"天宝"元年至十五年，即公元742至756年。依此邢窑白瓷入贡之始，当在公元742至756年间，时处"盛唐"的后半期。

第二处见于《唐六典·尚书户部》：

"河北道，古幽、冀二州之境，今……凡二十有五州焉。……厥贡：罗、绫、平绸、丝布、丝䌷、凤翮、苇蓆、墨。……（注）邢州瓷器。"⑥

按《唐六典》又称《大唐六典》，全书共三十卷，是唐人所记唐朝典章制度的文献资料。旧题"御撰"实为官纂，自开元十年(公元722年)始编至开元二十年(公元732年)奏上，其后又由李林甫等人加注。按李林甫《旧唐书》有传⑦，生年失记，死年为唐玄宗"天宝十一年"，即公元752年。依此可知，注语所记邢窑白瓷的入贡时间，当在公元752年李林甫去世之前的"天宝"年间，时处也为"盛唐"的后半期。

第三处见于《茶经·四之器》：

"盌，越州上，鼎州次，婺州次，岳州次，寿州、洪州次。或以邢州处越州上，殊为不然。若邢瓷类银，越瓷类玉，邢不如越一也；若邢瓷类雪，则越瓷类冰，邢不如越二也；邢瓷白而茶色丹，越瓷青而茶色绿，邢不如越三也。"⑧

按《茶经》为[唐]陆羽品茶之作，全书共计三卷，成书时间因无确记多有异说。不过根据《新唐书·陆羽传》所记：陆羽在"上元初，更隐苕溪，自称桑苎翁，阖门著书"⑨与《全唐文·陆文学自传》所记：陆羽将所著《茶经》三卷"贮于褐布囊"的时间在"上元辛丑岁"⑩。可知《茶经》的成书时间，最迟应在"上元辛丑"以前。按"上元"为唐肃宗年号，"上元辛丑"为"上元二年"，即公元761年。依此，《茶经》的成书时间，当在公元761年以前，时处已到了"中唐"的前半期。

第四处见于《元氏长庆集·饮致神曲酒三十韵》：

"七月调神曲，三春酿醁醽，雕镌荆玉盏，烘透内丘瓶。"⑪

按《元氏长庆集》简称《长庆集》，六十卷补遗六卷，是唐诗人元稹的文诗集子。据《旧唐书·元稹传》记：元稹于长庆年间"尝为《长庆宫辞》数十百篇，京师竞相传唱"⑫。按"长庆"为唐穆宗年号历时四年，即公元821至824年。依此《饮致神曲酒三十韵》的成诗时间，当在公元821年以后，时处已到了"中唐"的后半期。

第五处见于《国史补·货贿通用物》：

"凡货贿之物，侈于用者不可胜纪。丝布为衣，麻布为囊，毡帽为盖，革皮为带，内丘白瓷瓯，端溪紫石砚，天下无贵贱通用之。"⑬

按《国史补》又称《唐国史补》，[唐]李肇撰，全书三卷三百零八节，所记为"开元"至"长庆"年间杂事。按"开元"为唐玄宗年号，"长庆"为唐穆宗年号，"开元"初元年至"长庆"末四年，即公元 713 年至 824 年。依此可知《国史补》所记"内丘白瓷瓯"的时间，最迟应在唐穆宗"长庆"四年，即公元 824 年以前，时处也为"中唐"的后半期。

第六处见于《乐府杂录·方响》：

"武宗朝郭道源，后为凤翔府天兴县丞，充太常寺调音律官，善击瓯，率以邢瓯、越瓯共十二只，旋加减水于其中，以筯击之，其音妙于方响也。"⑭

按《乐府杂录》，为[唐]段安节所撰，全书一卷五章。旧本首列《乐部》，次列《歌舞》、《乐器》、《乐曲》，末附《五音二十八调图》。《乐府杂录》何时成书文献不见记载。不过根据所记郭道源居官"武宗朝"，可知《乐府杂录》所提到的击"邢瓯"之事，应在唐武宗在位的"会昌"年间。按"会昌"历时六年，"会昌"元年至六年即公元 841 至 846 年。依此郭道源用"邢瓯"击乐之时，当在公元 841 至 846 年间，时处也为"中唐"的后半期。

第七处见于《全唐诗·茶中杂咏·茶瓯诗》：

"邢客与越人，皆能造磁器。圆似月魂堕，轻如云魄起。枣花势旋眼，萍味香沾齿。松下时一看，支公亦如此。"⑮

按《茶瓯诗》，唐朝诗人皮日休所作，具体作于何时不见记载，不过有的学者认为此诗当作于"咸通年间"。按"咸通"为唐懿宗年号，历时十五年，"咸通"元年至十五年，即公元 860 至 874 年。依此可知，皮日休《茶瓯诗》中提到的"邢客与越人，皆能造磁器"的时间，当在公元 860 至 874 年间，时处已到了"晚唐"的前半期。

第八处见于《全唐诗·夏日青龙寺寻僧》：

"得官殊未喜，失计是忘愁。不是无心速，焉能有自由。凉风盈夏扇，蜀茗半邢瓯。笑向权门客，应难见道流。"⑯

按《夏日青龙寺寻僧》，为唐朝诗人薛能所作，具体作于何时也没有明确记载。不过根据《全唐诗·薛能诗》所附《薛能传》记有："(李)福徙西蜀，(薛能)奏以自副，咸通中摄嘉州刺史"，可知薛能居蜀品茗之时在"咸通"年间。按"咸通"为唐懿宗年号，历时十五年，从元年至十五年，即公元 860 至 874 年。依此可知，薛能在《夏日青龙寺寻僧》中提到用"邢瓯"品茶之时，当在公元 860 至 874 年间，时处也为"晚唐"的前半期。

上列八处文献记载，均属记实材料，从多方面反映了唐代邢窑白瓷的生产状况。比如文献中提到邢窑的窑址在内丘；邢窑白瓷器物的造型规整如月轻薄如云；釉色洁白如雪或灰白如银；烧结程度良好胎质坚硬以筯击打能发出清脆的金属声；产量巨大可以通销全国；产品精美得已入贡皇室等等。

二 宋代文献中有关邢窑的记载

唐朝末年，由于政治腐败和连年战争，社会经济遭到了严重破坏，在这种形势下，邢窑的白瓷生产开始从兴旺转为衰落。五代时期，社会政治经济形势依然如故，因此邢窑白瓷生产的衰落局面未能改善。北宋的基本统一结束了五代时期的分割混战局面，为社会经济的恢复发展创造了条件，从而使邢窑白瓷生产出现了再兴之势。我们在宋代常见的文献中，可以找到四处有关邢窑的记实材料。

第一处见于《太平寰宇记·河北道》：

"邢州，原领县九，今八：龙冈、沙河、南和、巨鹿、任县、平乡、尧山、内丘。土产：白瓷器、丝布、绵、解玉砂。"[17]

按《太平寰宇记》，为北宋乐史所撰，该书成书于北宋初期太宗的太平兴国年间(即公元977至984年)。原书共计二百卷，分别记载了太平兴国年间的政区、山川、风俗、姓氏、土产等事。统检《太平寰宇记》全书，凡记"土产瓷器"者，全国共有四处，即河南府、越州、定州、邢州。由此可知，继五代后的北宋初期，邢窑白瓷生产并没有因五代时的衰落而"销声匿迹"，相反它和河南府的巩县窑、江南的越州窑和河北的定州窑一样，在当时因享有同等声誉，而被宋人如实地列入了史册。据此，这一记载无疑是记实材料。

第二处见于《太平御览·乐部》：

"唐大中初，有调音律官天兴县丞郭道源，善击瓯，用越瓯、邢瓶共一十二，旋加减水，以筋击之，其音妙于方响也。"[18]

按《太平御览》，由〔宋〕李昉等根据北齐《修文殿御览》和唐《文思博要》体例编辑，从太宗太平兴国二年(公元978年)始编，历时七年(公元984年)而成，全书五十五门一千卷。按上列《太平御览》这段话，系李昉等抄自〔唐〕段安节《乐府杂录》。《乐府杂录》原文本是"武宗朝郭道源，后为凤翔府天兴县丞，充太常寺调音律官，善击瓯"，李昉等抄录时错成了"唐大中初，有调音律官天兴县丞郭道源，善击瓯"。按"大中"是唐宣宗年号，而不是唐武宗年号，据此可知《太平御览》把唐武宗年间的事，错成了唐末宣宗年间的事。

第三处见于《元丰九域志·河北路》：

"邢州，巨鹿郡安国军节度，治龙冈。辖县五：龙冈、沙河、巨鹿、内丘、南和。土贡：绢一十匹、瓷器一十事、解玉砂一百斤。"[19]

按《元丰九域志》，为北宋王存等修，成书于北宋中期神宗元丰三年即公元1080年，颁行于元丰八年即公元1085年。全书十卷，分别记载了元丰年间(公元1078至1085年)的北宋政区、户口、土贡等事。统检全书，记"土贡瓷器"者只有四处，即河南府、耀州、越州和邢州。由此可知邢窑白瓷到了北宋中期，不仅仍在持续生产，而且还由于产品质优又被皇家列入了贡物，从而证明北宋中期的邢窑与当时生产贡瓷的河南府巩县窑、陕西耀州窑和江南越州窑一样，也是生产贡瓷的名窑。据此，这一记载无疑也是记实材料。

第四处见于《宋史·地理志》：

"信德府，次府，巨鹿郡，后唐安国军节度。本邢州，宣和元年升为府。崇宁户五万三千六百一十三，口九万五千五百五十二。贡：绢、白磁盏、解玉砂。县八：邢台、沙河、任、尧山、平乡、内丘、南和、钜鹿。"[20]

按《宋史》，为元初脱脱等修，成书于至正五年即公元1345年。全书共计四百九十六卷，所载《地理志》为四十三卷，分别记载了北宋晚期徽宗崇宁年间（公元1102至1106年）的户口、政区、贡品等事。通查全书，北宋崇宁年间全国贡瓷之地，已由中期四处减为三处，即河南府、耀州和邢州。由此可知邢窑白瓷到了北宋晚期，和北宋中期一样，不仅仍在持续生产，而且在越窑停贡的情况下还在进贡。据此，这一记载无疑也是记实材料。

按上列北宋四处文献记载，除一处抄文外其他三处均为记实材料。从这三处材料我们不难得出这样的结论：即邢窑白瓷在整个北宋时期一直是持续生产，而到北宋中期和晚期还被皇家列为进贡之物。根据北宋"诏令入贡"之物只要不"诏令停贡"即为"常贡"的惯例[21]，可以认为邢窑白瓷在北宋进贡的时间是很长的。如果从神宗元丰元年（公元1078年）进贡开始算起，到钦宗靖康元年（公元1127年）战乱为止，邢窑白瓷的进贡时间大体说已将近五十年，约占整个北宋一百六十七年中的三分之一略弱。

三　元明清文献中有关邢窑的记载

前列唐代八处和宋代四处有关邢窑的文献记载，就数量说不算太多，但这些记载都是邢窑的记实材料，在内容上涉及到邢窑的诸多方面。因此不论考古文物界还是古陶瓷界，都把这些文献记载视为论证邢窑白瓷的重要根据。元明清时期有关邢窑的记实材料已不再见，所见到的都是对唐代文献的转抄，且又多有疏误。

第一处是《文献通考》：

"唐武宗大中初，天兴县丞郭道源，取越瓯、邢瓯十二，酌水作调，以筯击之，其音妙于方响。"[22]

按《文献通考》为[元]马端临所撰，全书为二十四门三百四十八卷。《文献通考》上列这段文字，是马端临抄录[唐]段安节《乐府杂录》的，《乐府杂录》原文本是"武宗朝郭道源，后为凤翔府天兴县丞，充太常寺调音律官，善击瓯"，马端临抄录时也抄错了而且错得更离谱。比如马端临不仅将原文错成了"大中初"，而且还进一步错成了"武宗大中初"。按"大中"是宣宗的年号而不是武宗的年号，武宗在位仅六年，只有一个年号叫"会昌"。马氏在宣宗"大中"年号前面莫名其妙地加上了个"武宗"皇帝，可谓是"错上加错"。

第二处是《遵生八牋》：

"盌，越州上，或以邢州处越州上，若邢瓷类银，越瓷类玉，邢不如越；若邢瓷类雪，越瓷类冰。"[23]

按《遵生八牋》为[明]高濂所撰，全书共计十九卷，分为《清修妙论》、《四时调摄》、《起居安乐》、《延年却病》、《饮馔服食》、《燕闲清赏》、《灵祕丹药》、《尘外遐举》八目。按上列《遵生八牋》这段文字，是高濂抄自[唐]陆羽《茶经》的。

第三处是《陶说》：

"陆羽《茶经》：盌，邢不如越，越盌上，口唇不卷而浅，受半升。"㉔

按《陶说》为［清］朱琰所撰，全书六卷，分为《说古》、《说今》、《说明》、《说器》四类。上列《陶说》这段文字，无疑也是朱琰抄自［唐］陆羽《茶经》的。朱琰的论瓷观点与陆羽相同，即在评论越瓷邢瓷优劣时，是扬越抑邢的。

第四处是《古窑器考》：

"陆羽《茶经》……谓邢瓷类银，越瓷类玉；邢瓷类雪，越瓷类冰；邢瓷白而茶色丹，越瓷青而茶色绿。"㉕

按《古窑器考》为［清］梁同书所撰，全书一卷，分为《古今诸古》、《陶器青为贵》、《古瓷合评》、《清秘藏论窑器》等大小十个部分。按上列《古窑器考》中的这段文字，无疑也是梁同书抄自［唐］陆羽《茶经》的。梁同书的论瓷观点也与陆羽相同，即在评论越瓷邢瓷优劣时，也是扬越抑邢的。

注释

① 关于唐分四期，明时有说，如［明］沈骐《诗体明辨序》定："初唐，自高祖武德元年至玄宗先天元年计九十五年；盛唐，自玄宗开元元年至代宗永泰元年计五十三年；中唐，自代宗大历元年至文宗太和九年计七十年；晚唐，自文宗开成元年至昭宗天佑三年计七十一年"。按此分期，并非无异议，故后世有将"文宗开成与武宗会昌划入中唐；而以宣宗大中元年作为晚唐开始者"。

② 笔者鉴于唐分四期有异议，对唐分四期时间进行了调整，为此，请教了老友唐史专家胡如雷先生。胡先生表示："如此分期，应说有据，可谓一说"。

③《新唐书》卷三十九《地理三》，中华书局标点本第四册第1013至1014页。

④《新唐书》卷三十七《地理一》，中华书局标点本第四册第960页。

⑤《元和郡县图志》卷十五《河东道四》，中华书局标点本上册第425至426页。

⑥《大唐六典》卷三《尚书户部》，日本池学园事业部影印本第56至57页。

⑦《旧唐书》卷一〇六《李林甫传》，中华书局标点本第十册第3239至3240页。

⑧《茶经》卷中《四之器》，《左氏百川学海》本第六册《茶经》第4至5页。

⑨《新唐书》卷一三六《隐逸传》，中华书局标点本第十八册第5611页。

⑩《全唐文》卷四三三《陆文学自传》，中华书局精装本第五册第4420至4421页。

⑪《元氏长庆集》卷十三《饮致神曲酒三十韵》，中华书局《四部丛刊》本第一二二（一三）第5页。

⑫《旧唐书》卷一六六《元稹传》，中华书局标点本第十三册第4333页。

⑬《国史补》卷下《货贿通用物》，上海古籍出版社《四库全书》影印本第一〇三五册第447页。

⑭《乐府杂录》五《方响》，中华书局《丛书集成》本第一六五九册第33页。

⑮《全唐诗》九函九册《皮日休诗》，上海古籍出版社影印本下编第148页。

⑯ 《全唐诗》九函二册《薛能诗》，上海古籍出版社影印本下编第 1435 页。

⑰ 《太平寰宇记》卷五十九《河北道八》，上海古籍出版社《四库全书》影印本第四六九册第 491 页。

⑱ 《太平御览》卷五八四《乐部》，光绪上海积山书局石印本第二十册第 6 页。

⑲ 《元丰九域志》卷二《河北路》，中华书局标点本上册第 80 至 81 页。

⑳ 《宋史》卷三十八《地理一》，中华书局标点本第七册第 2127 页。

㉑ ［清］徐松辑《宋会要辑稿》第一四六册《食货》，中华书局影印精装本第六册第 5708 页。

㉒ 《文献通考》卷一三五《乐考八》，浙江古籍出版社影印本第一册第 122 页。

㉓ 《遵生八牋》卷一三《饮馔服食》，中华书局本第 122 页。

㉔ 《陶说》卷五《说器中》，《龙威秘书》本［戊集］第四册《陶说》卷五《说器中》第 2 页。

㉕ 《古窑器考》第一部分《古今诸古》，北京燕山出版社《古瓷鉴定指南》二编本第 75 页。

邢窑大事记

The Memorabilia of Xing kiln

杨文山　　张志忠

根据目前我国对古窑址的调查材料，位于河北省南部的邢窑，是目前广泛公认的创烧白瓷最早的窑口之一，因此有人将邢窑说成是"中国白瓷的发祥地"。白瓷的发明，在我国制瓷史上具有划时代意义，理由是它不仅结束了我国长期"青瓷独尊"的局面，更重要的是为我国后世的花瓷尤其是彩瓷生产创造了条件。

关于邢窑的研究、器物的出土、窑址的调查和发现，经过了一个漫长的过程，从时间上说历经了20世纪20至40年代、50至70年代、80至90年代和本世纪初四个阶段；从参与人员说已经涉及到了三代人。与此同时，国外一些学者也参与了对我国邢窑的研究，做出了一定的贡献，现将中外学者近百年来对邢窑的研究活动、邢窑窑址的调查与发现以及比较重要的邢窑器物出土情况，以大事记的形式，顺列如下：

（1）1911至1913年和1936至1939年　法国学者赫尔费尔德（E·Herefeld）和沙列（F·Sarre）对伊拉克境内的萨马腊遗址进行了两次大发掘，出土了大量的古陶瓷片。中国古陶瓷片占了很大的数量，其中有青瓷、黄釉瓷、绿釉瓷和唐三彩,也有被学者们认为"经过高火度烧造"的"又硬又有玻璃质"的邢窑白瓷。

（2）1912至1920年　埃及学者巴哈格特（Aly · Bahgat），对埃及境内的福斯塔特遗址进行了发掘，出土各种陶瓷多达七十万片，其中有本地和其他地方的陶片，也有中国的陶瓷片。比如有中国的"唐三彩、越窑青瓷、长沙窑瓷"，还有被学者们认为的"邢州白瓷"。发掘后的第二年即1921年，巴哈格特等写了发掘报告，发表了一些有关邢窑外销瓷的研究材料。

（3）1917至1939年　日本学者大西林五郎、久志卓真、上田恭福、渡边素舟、小山富士夫等，都有中国陶瓷专著。如大西林五郎1917年著有《支那陶磁全书》，计四卷九编，其中第四编《唐时代》涉及到了邢窑。渡边素舟1939年著有《支那陶磁器史》，计十二章，其中第六章《唐代陶磁の时代的情势》也涉及到了邢窑。

（4）1921年　我国古陶瓷专家许之衡著有《饮流斋说瓷》，对陆羽褒越贬邢的观点提出了质疑。认为"唐时茶具已极精美……陆羽《茶经》谓碗越州为上，其瓷类玉类冰，青而益茶；邢瓷类银类雪，白而茶丹"。又说："古瓷尚青……陆羽品茶以青碗为上……若夫白者则……不甚见重……殆贵华而贱素，固人情所同也"。

（5）1934年　吴仁敬、辛安潮著《中国陶瓷史》，1936年商务印书馆正式出版，对陆羽的褒越贬邢第一次提出了批评。认为"陆羽《茶经》云：世以邢州瓷处越器上，然邢瓷类银类雪，邢瓷白而茶丹，似不如越。陆羽不以邢瓷驾越瓷为然者，仅以品茶而言耳。其实邢窑虽不能驾越窑之上，亦相仲伯间也"。并第一次明确指出邢窑的窑址在"邢台县"，说："邢窑，邢州所烧，在今河北省邢台县"。文献明记邢窑窑址在内丘，吴、辛二氏为何说它在"邢台"？据傅振伦先生说主要原因是吴、辛二氏当时不知道[唐]李肇《国史补》中有"内丘白瓷瓯"这样的记载。

(6) 1941至1942年　瑞典学者林德伯格(Gustaf·Lindberg)由于看到了瑞典收藏的中国宋代以前的白瓷器物的形制和胎釉，与伊拉克的萨马腊遗址出土的白瓷很"相似"，便认为萨马腊遗址出土的这种白瓷，"只有邢州"才能烧造。根据林德伯格的对照研究，他认为瑞典收藏的白瓷产品和萨马腊出土的白瓷产品，都应是"九世纪中国"唐代邢窑烧造的白瓷产品。虽然有人认为林德伯格的这种分析是一种"假想之说"，但在当时他能利用传世藏品与出土器物进行对照，对邢窑白瓷进行研究并大胆地提出这种"假想"，无疑是难能可贵的。

(7) 1950至1951年　故宫博物院古陶瓷专家傅振伦先生原计划对邢窑窑址的调查未能如愿。陈万里先生是南方古陶瓷专家，虽然远离北方无法对邢窑窑址进行调查，但他一直关注这一名窑窑址的发现，故新中国成立后就职故宫博物院不久，他便根据傅氏的建议，于1951年对位于内丘、临城县交界的"磁窑沟"进行了调查。虽然只捡到了元代黑瓷片而"未发现唐代的窑址"，但这是我国第一次对邢窑的实地考察，无疑对后人调查邢窑窑址起到了先驱作用。

(8) 20世纪50年代初　瑞典学者林德伯格开始注意了对邢窑的专题研究，1950年他第一次专以邢窑为题撰写了两篇论文，一篇刊登在1950年第1期《东方美术》季刊上，另一篇刊登在1953年《瑞典斯德哥尔摩年报》上。这两篇论文的共同特点是文献记载与出土唐代白瓷的对照研究，他认为"邢窑白瓷是雪白的，敲打时能发出音乐的韵调，既然当时无论贫富都能使用这类瓷器，那么唐代（邢窑）生产这类白瓷的瓷窑一定是很多的"。

(9) 1951年　冯先铭先生调查了定窑，1957年又调查了巩县窑。由于在定窑和巩县窑遗址中都发现了唐代白瓷，于是他认"这些新资料的发现，开阔了人们的眼界，由此得知唐代烧造白瓷并非邢窑一处"。同时认为"有了这些新资料后，从故宫院藏唐代白瓷中可以分出巩县与曲阳两窑产品，经过对比摸清了两窑白瓷的特点，从而逐渐缩小了唐代白瓷藏品未知数的比例，同时也初步划分出胎釉洁白如雪，不施化妆土的是邢窑白瓷"。

(10) 1953年　陈万里先生发表了《邢越二窑及定窑》一文，基本总结了他对邢、越、定三窑的研究成果。他在谈到邢窑时虽然仍以唐代文献为依据，但在邢窑的窑址所在问题上，在调查了磁窑沟之后提出了自己的新看法。比如他认为："磁窑沟窑神庙虽有明代碑记，但未提及当地在唐代已烧造瓷器，地面的瓷器也不是唐代的。至于邢窑究竟在何处？还有待于以后发现"。言外之意是：唐代的邢窑窑址也可能在其他地方。

(11) 1954至1977年　河北省邢台市中学历史教师杨文山根据傅、陈指点，前后在内丘、邢台、沙河三县境内进行过七次调查，其中五次可说是徒劳无功。对内丘县城西南和城西可能有水有瓷土的沟坡地带的三次调查，未能找到窑址，甚至连瓷土也没有找到；对邢台和沙河带有窑名的"东窑"、"西窑"、"赵窑"、"高窑"的两次调查，找到的不是瓷窑而是煤窑或明清时代的砖瓦窑。不过对"磁窑沟"的两次复查稍有收获，因为在当地西瓷窑沟林生小老人的帮助下，对西瓷窑沟村南二队打麦场西面土坡的窑址进行了调查，在这里发现了宋金时期的白瓷片，比陈万里先生调查时仅捡到了元代的黑瓷片提前了一步。

（12）1956年　陕西省西安唐段伯阳墓中出土了罐、瓶、胡人尊、胡人头和贴花钵等五件邢窑白瓷。

（13）1957年　陕西省西安唐大明宫遗址中出土"盈"字款白瓷后，引起了考古文物界和古陶瓷界的注意，讨论的焦点是产地。当时有两种意见：一是认为这种白瓷是巩县窑产品，理由是巩县窑已发现证明唐时产白瓷，且唐代文献又有进贡记载。二是认为这种白瓷是定窑产品，理由是定窑窑址也已发现证明唐时也产白瓷，且定窑又有刻款的传统。以上两种意见，当时冯先铭先生都不赞同，原因是唐代文献虽有"河南府"巩县贡瓷的记载，但巩县白瓷的胎釉白中泛土黄，与"盈"字款白瓷胎釉洁白不合。定窑白瓷的胎釉虽然洁白，但唐代文献中没有进贡的记载。冯先生认为"盈"字款白瓷不是巩瓷也不是定瓷，很可能是邢窑白瓷，理由是唐代文献不仅有邢瓷进贡记载，而"盈"字款白瓷的胎釉洁白"类雪"也与文献所记相合。但由于当时邢窑窑址尚未发现而苦无"窑证"。

（14）1958年5至11月　河北省邢台一中师生参加了京汉铁路复线路基的培土劳动，在邢台市北郊三义庙村西起土时发现了古墓群。挖出的墓葬有十多座，其中北朝墓四座（一有"正始三年"即公元504年墓志，一有"天宝二年"即公元551年墓志），出土了一些青瓷、黄釉瓷和粗白瓷。隋墓两座，出土了一些青瓷、黄釉瓷、粗白瓷和灰白瓷。唐墓八座，出土了一些粗细白瓷、粗细灰白瓷、化妆白瓷、化妆黄釉瓷和黑釉瓷。但因工期紧迫未能进行正常发掘，参加劳动的教师刘月坡、高翔、彭仲英、杨文山等只能在挖土中收集这些挖出的器物。

（15）1959年　河北省邢台一中教师杨文山，根据唐代文献和邢台唐墓出土的白瓷，撰写了《唐代邢窑白瓷》，1960年刊登在《河北日报》副刊上，傅振伦先生看后称它是"国内第一篇专以邢窑为题的文章"。

（16）20世纪60年代初　英籍华人学者拉威尔夫人（Mrs Lavill），曾为《大维德中国艺术基金委员会藏品定窑和有关白瓷图录》撰写了一篇《导言》，对与定窑有关的邢窑进行了论述。论文特点也是以文献为依据，比如她征引了陆羽《茶经》记载，认为"邢瓷类银类雪色白而茶色红，就这三点而论，邢不如越"。再如征引欧阳修等《新唐书》中的记载，认为"邢瓷既是地方贡品，制作必定是很好的"。征引李肇《国史补》中的记载，认为邢窑白瓷既然是"天下无贵贱通用"，说明"邢窑的销路是很广的"。

（17）1964年和1966年　日本学者小山富士夫和三上次男曾两次赴埃及访问考察，对福斯塔特遗址出土的古陶瓷残片进行了研究，在"堆积如山的六、七十万片的陶瓷中"，第一次查明了"中国陶瓷约达一万二千片",其中有"越州窑瓷"、"长沙窑瓷",也有"唐代三彩"和"邢州白瓷"。1967年小山富士夫和三衫隆敏又去法国巴黎访问考察,在基美博物馆看到了伊朗古遗址出土的中国陶瓷,他们认为其中除"越州窑瓷"外,还有"邢州窑"烧造的"菱花形白瓷碟"、"铁绘凸出蝶纹白瓷盒子"和"鱼浮雕长形白瓷杯"。

(18) 1965年10月　河北省平乡县民工在邢台市西郊曹演庄村西青年路(今郭守敬大街)东侧铺设下水管道施工时,挖开了一座古墓。因为古墓全部挖毁,出土器物破碎者也全被砸毁,只存一块墓志铭和三件瓷器。墓志铭中刻有"大隋大业六年"(公元610年),可知此墓为隋炀帝时的墓葬。出土的三件瓷器比较完好,一为粗白瓷"扁沿直口微撇深腹实足碗",二为粗灰白瓷"盘口丰肩鼓腹双龙柄壶",三为粗青瓷"卷唇钵口溜肩鼓腹瓶"。

(19) 1975年　日本学者矢部良明1975年在日本东京国立博物馆举办"日本出土的中国陶瓷特别展览"后,和长谷部乐尔合著《日本出土的中国陶瓷》一书,矢部良明撰写了《日本出土的唐宋时代的陶瓷》部分。文中提到日本出土的中国陶瓷,遍及到现在的东京、京都、奈良、福岛、大阪、福冈诸地,其中以奈良的平城京东三坊大路、药师寺西僧房与京都的右京区御室仁和寺圆堂遗址的出土内涵最为丰富。在出土的唐代陶瓷中,不仅有唐三彩和越窑青瓷,而且还有"中国白瓷",也即其后所说的"邢窑系白瓷"。

(20) 1976至1977年　河北省"邢台地区文物调查小组"对邢台地区十八个县市进行了文物大普查。由于邢窑誉名中外,无疑他们也把对邢窑窑址的调查列入了重点。根据唐代的文献记载,邢窑的窑址应在内丘县,因此在调查邢窑的窑址时,也把调查地点定在了内丘县。但调查的结果,除对已经发现的内丘县、临城县交界的东、西磁窑沟的宋金元窑址进行了复查和在临城县境内的南程村、造纸厂和射兽村发现了三处新的宋金窑址外,在内丘县境内"也没有发现唐代的遗存"。因此邢窑的唐代窑址在何处仍然是一个未解的"疑迷"。

(21) 1976年　故宫博物院冯先铭先生得知临城县境内发现了新的窑址后,与叶喆民先生一起至邯郸,然后专程对临城县境内的南程村和射兽窑址进行了调查,但只获得宋金时期仿定瓷片。

(22) 1979年　杨文山又撰写了《唐代邢窑白瓷的初步探讨》,1980年刊登在《河北师范大学学报》上。《河北陶瓷》主编赵鸿声先生认为此文在窑址调查和邢瓷鉴定上有新见解,要求在《河北陶瓷》上重登,目的是"希望籍以打破邢窑研究中的沉默"。

(23) 1979年12月　河北省正定县郭家庄村出土"结带柄白瓷执壶"。此壶在造型、胎质、施釉等方面均具有邢窑白瓷的特征,可谓唐代邢窑的代表性器物。在已发现的邢窑唐代执壶中,结带柄装饰是较少见的。

(24) 1980年5月底　河北省临城县二轻局聘请杨文山为历史顾问。在局长路子英主持下初步成立了由陈二印、张云申、张书泰、陈月恩四人组成的"临城县邢瓷研制小组",从而为在临城调查邢窑窑址和进一步研制邢瓷,做好了准备。

(25) 1980 年 8 月 8 日至 10 日　河北省临城县革委会副主任林玉山、二轻局路子英、闫生、雷志卿、马振环、陈二印、张云申、陈月恩、张书泰和文化馆贾路兴,陪同河北师大历史系杨文山,对临城县境内的古代瓷窑遗址进行了普遍的调查。调查从复查磁窑沟窑址开始,对磁窑沟以北临城境内进行了逐村庄的调查,捡到了一些元代的黑瓷片和宋金的白瓷片。在澄底村北发现了五代—北宋窑址,在岗头村西北泜北渠以南也发现了五代窑址。特别令人振奋的是 10 日上午十一点,在泜北渠公路桥东侧北岸,第一次捡到了具有晚唐风格的粗白瓷"唇沿璧底碗"残器和"短流执壶"残片;同时又在公路桥西侧北岸的断坡上,第一次发现了晚唐的窑体残迹和第一次捡到了正烧使用的窑具"漏斗状匣钵"与"桶状匣钵"。

(26) 1980 年 10 月 14 日　陈二印、陈月恩等顺"临祁公路"北上,在祁村东南、西北和西双井的西南,发现了三处新的唐代窑址。在这里不仅捡到了粗白瓷,还捡到了胎釉洁白的细白瓷。其中典型的标本有两件,一是细白瓷"短流鼓腹执壶"残片,一是细白瓷"唇沿浅腹璧足碗"残件。

(27) 1980 年 10 月 18 日　杨文山为发现盛唐中唐时期的细瓷之事而赶赴临城,在路子英等陪同下前往祁村、西双井窑址进行了查实。此时祁村的干部也来到了现场,经他们介绍得知:1973 年平整土地时,在祁村东南旱沟北坡挖出了大量的瓷片,为便于耕作将这些瓷片埋入了地下。当时杨文山根据村干部指定埋藏瓷片的地方,大体划了一个探沟范围,建议路子英今后组织人员,对这个地方进行"探沟"或是"探方"挖掘。

(28) 1980 年 10 月 31 日至 11 月 2 日　北京专家傅振伦、叶喆民、王舒冰和有关领导等赴临城县考察,在杨文山、林玉山和路子英等陪同下到磁窑沟、南程村、澄底、岗头和祁村、双井等村,对邢窑进行了实地考察,召开了"座谈会"。专家表示:临城唐代窑址的发现"对填补我国陶瓷史上的一个空白是个大贡献",并建议"在明年三月中旬或四月下旬召开一个由有关部门参加的邢瓷鉴定会"。

(29) 1980 年 11 月 4 日　鉴于邢窑细白瓷的发现,临城县二轻局路子英主持召开了"邢瓷研制"计划会议。根据他的要求,杨文山提出三点建议:一是对细白瓷的胎、釉进行化验和物测,为研制邢瓷配方提供依据。二是落实"研制"的场地和人员,以保证研制的正常活动。三是建议召开"鉴定会"扩大宣传,提高邢窑和临城"邢瓷研制"的知名度。

(30) 1980 年 11 月 18 日　新华社记者胡承清以《"邢窑之谜"初步揭晓》为题,第一次向国内各大报纸刊发了新闻电讯稿,将我国这一重大考古发现第一次公告于世。《河北日报》11 月 20 日全文刊登了电讯稿。

(31) 1980 年 12 月至 1981 年 3 月　临城县二轻局在贾村瓷厂原美术组的基础上成立了邢瓷研制小组,张志忠在李跃如师傅及赵庆国技术员的指导下,带领几名成员在条件非常简陋的情况下,开始了邢瓷的试制工作。先后烧制出了双龙尊、执壶、马镫壶、酒具、花口碗、盏托等十二种仿制品,其仿制品作为"邢窑与邢瓷鉴赏会"成果之一,受到了与会专家的肯定。这是邢窑历史上首批仿制品，对以后的邢窑研究与仿制起到了积极作用。

（32）1980年12月13日　北京专家冯先铭、欧志培等赴临城县考察，河北师大杨文山于当日赶赴临城县，在林玉山、路子英等陪同下，对磁窑沟、南程村、澄底、岗头、祁村、双井等已发现的窑址进行了考察。考察期间，冯先铭先生提到西安大明宫出土的"盈"字款白瓷的产地有争议，有的人认为是巩县产品，有的人认为是定窑产品。他说他"倾向是邢窑产品，但苦无窑证"。因此冯先生一再提醒杨文山，在窑址中要留心"盈"字款标本。

（33）1981年3月14日　临城县二轻局人员陈二印、陈月恩等，在祁村东南"小铁路"东侧旱沟进行了"探方"发掘，在1×2米的探方中，出土了大量的器物标本，仅洁白"类雪"或灰白"类银"的细瓷残器残片，就有十四种五十多件。其中比较完整的标本有"瓣口瓣腹瓣足盏"、"平沿弧腹圈足托"、"短颈短流鼓腹执壶"、"提梁刻花马镫壶"、"唇沿浅腹璧足碗"、"圆沿浅腹圈足碗"等等。

（34）1981年4月24日　邢台地区科委受河北省科委的委托会同中央工艺美术学院陶瓷系，在临城县召开了"邢窑与邢瓷艺术鉴赏会"，应邀参加的有古陶瓷专家和研究者傅振伦、冯先铭、李辉柄、王莉英、王舒冰、高庄、尚爱松、李纪贤、赵鸿声等，省、地、市、县有关部门的领导和科研人员，新华社、中新社、《人民日报》、《光明日报》记者和其他工作人员，共计五十二人出席了集会。

（35）1981年4月25日　"邢窑与邢瓷艺术鉴赏会"在临城县招待所正式开始，会议由王舒冰主持，地区科委王林主任致词，之后听取了河北师大杨文山题为《唐代邢窑遗址的发现与初步分析》的学术报告。随后全体与会者乘车前去临城县的澄底、岗头、祁村、西双井，对唐代邢窑遗址进行了实地考察。

（36）1981年4月26日　根据临城县贾村瓷厂技术员赵庆国的报告，山下村东、村东北、村东南发现了古窑址。冯先铭、李辉柄、王莉英、杨文山等查看了村东窑址，窑址遗存分布在一条东西旱沟平地麦田中，北面靠近小路和枯井处有一座椭圆形窑底残迹，在此附近拣了一些宋金瓷片，然后到赵庆国家查看了其搜集的大量标本，其中有细白瓷斗笠形碗片，有灰白瓷仿金银器盏片，还有带印花纹饰的粗瓷碗片和盘片。经冯先铭先生鉴定，认为这些都是金代的仿定产品。

（37）1981年5月1日　参加"邢窑与邢瓷艺术鉴赏会"的《人民日报》和《光明日报》记者，分别撰文将这一发现进行了报道，新华社记者胡承清以《临城探寻到新的唐代瓷器窑址——出土的白瓷器物就是著名的唐代邢瓷》为题刊发了电讯新闻稿，《光明日报》于5月2日3版和《人民日报》5月3日2版进行了报道。

（38）1981年5月6日　中新社记者陈则平以《"邢窑之谜"的解开》为题，向海外各大报纸，如香港《大公报》、《文汇报》、日本《新新日报》、英国《泰晤士报》、美国《纽约时报》等刊发了传真"特稿"，将我国这一重大考古发现正式广告于世界各地。

(39) 1981年　邢窑窑址找到后，邢窑的仿制工作被列入正式议程，省科委将邢瓷研制项目列为重点科研项目，并下拨了经费。临城县二轻局将此工作也转到贾村瓷厂，继续充实了力量，张志忠任组长，成员有张书泰、秦国文、张志斌、刘慧聪等。其间邢瓷研制小组主要开展了寻找当地制瓷原料的工作，先后找到了鸡亮滑石矿、牟村大理石矿、祁村白矸土、红砂石、熟砂石、柴木节、南程村白土、水南寺釉土、王家辉长石、石英等十几种制瓷原料，为邢窑研制工作奠定了基础。

(40) 1981年5月8日　河北省文物研究所郑绍宗副所长来临城县考察邢窑遗址，提出文化部门要对遗址进行保护，以便将来进行发掘。

(41) 1981年6月3日至5日　上海博物馆陶瓷组范冬青、周丽丽到临城县考察邢窑遗址后，于1982年发表了《唐代邢窑和上海博物馆藏邢窑珍品》论文，指出该馆所藏"盈"字款白瓷粉盒、白釉穿带瓶、白釉油盒为邢窑产品。

(42) 1981年9月至1982年9月　由于受条件限制，临城县二轻局派张志忠、张书泰到邯郸市陶瓷研究所进行邢瓷试制和技术培训，张志忠负责工艺技术，包括原料配制、成型和烧制工作，张书泰负责造型设计和模型制作。他们在研究所的帮助和积极配合下，先后完成了原料的化学物理分析、瓷片的胎釉化学成分测试并烧制出了洁白坚硬的仿品。通过这些工作，研制小组掌握了大量的第一手资料和科学数据。

(43) 1981年12月29日　新西兰友好人士路易·艾黎到临城县祁村等地考察了邢窑遗址，先后参观了祁村窑址和出土的邢瓷标本，考察后曾赋诗赞美邢窑的辉煌成就。

(44) 1981年冬　临城县贾村瓷厂建设隧道窑时，在瓷厂的西南角距地表两米以下发现一铁釜，釜内装大量粗白瓷碗残片。参加施工的技术员赵庆国将此片交给正在瓷厂搞邢瓷研制的张志忠，后二人在业余时间顺瓷厂西围墙沟向西找，发现沟的两岸有大量的窑具和白瓷、青瓷和黄釉器，品种极为丰富。

(45) 1982年　临城县境内邢窑窑址的发现尤其1981年"鉴赏会"召开之后，中外学者纷纷著文立说，一时间出现了所谓"邢窑热"。期间发表的论文有"临城县邢瓷研制小组"的《唐代邢窑遗址调查报告》、傅振伦的《说唐代邢窑》、冯先铭的《谈邢窑有关诸问题》、叶喆民的《邢窑刍议》和《再论邢窑》、李辉柄的《唐代邢窑窑址考察与初步探讨》、李纪贤的《妙音悦耳的瓷器》、王舒冰的《邢州归来》、周丽丽的《唐代邢窑和上海博物馆藏邢窑珍品》、杨文山的《唐代邢窑遗址的发现和初步分析》和《隋代邢窑遗址的发现和初步分析》及日本学者寺岛孝一等的《唐代邢窑的发现和日本出土的白瓷》与井恒春雄的《唐代邢窑之谜》等。

(46) 1982年3月24日　临城县二轻局马振环科长等陪同杨文山先生一起乘车先到贾村瓷厂，然后到陈刘庄进行了实地考察。杨文山认为陈刘庄窑址应为隋代窑址，该窑址的发现将邢窑的上限推到隋代。

(47) 1982年3月31日　为了加强领导，加快邢瓷的恢复研制工作，临城县人民政府将邢窑研制小组由二轻局划归临城县经委领导，地点由贾村瓷厂搬迁到程村瓷厂，人员有：张志忠（组长）、张书泰、王成兴（会计），程村瓷厂又调来赵俊爱、王增志共五人组成了新的研制小组，计划继续开展对邢窑的研究和仿制。

(48) 1982年7月23日　临城县邢窑遗址共十二处被河北省政府公布为省级文物保护单位。

(49) 1982年7月　邢瓷研制小组划归经委（一轻局）后，河北省轻工厅刘可栋总工程师作为邢瓷恢复研究项目筹建总负责人在临城县政府副县长李三丑、经委副主任梁永江陪同下专程到临城县程村瓷厂实地察看了正在建设的试验车间，刘总看后认为交通不便、周围环境不理想，建议县里另行选址。

(50) 1982年10月27至28日　在河北省轻工厅刘可栋总工程师的主持下，在临城县招待所召开了"邢窑研究工作会议"。会议决定成立"河北省邢窑研究组"，由邢台地区工业局副局长吴星良任组长，临城县经委副主任梁永江和河北师大历史系讲师杨文山任副组长，研究组下设三个小组，会议制定了《邢窑研究项目实施工作方案》。

(51) 1983年11月至1984年5月间　"河北省邢窑研究组"主要成员杨文山、张志忠、毕南海等，根据《工作方案》对临城县邢窑窑址尤其是祁村窑址进行了再考察，在得知内丘县发现邢窑窑址后，又对内丘县窑址尤其是西关窑址进行了追踪考察，获得了大量的窑址资料，找到了唐代邢窑的典型器物标本，弄清了当时烧造瓷器的窑炉结构和装窑方法。

在此期间，杨文山、张志忠、毕南海等又对本省文博部门如省博物馆、邯郸、邢台、保定地市进行了访问，搜集了一些有关邢窑的器物资料。其后张志忠、毕南海等又对故宫博物院、中国历史博物馆等省外文博部门进行了考察，搜集了大量有关邢窑的器物资料。

(52) 1984年1月　河北省地质矿产局勘查处高级工程师程在廉先生在《河北陶瓷》第1期发表了《何处是邢窑》一文，他根据他的"陶瓷地质学"的理论观点，对邢窑窑址的位置和寻找邢窑的走向提出了新看法。认为古代建窑烧瓷大凡就地取材，哪里有瓷土有燃料有水哪里就具备了建窑烧瓷的条件。他认为北起赞皇南经临城、内丘直至邢台"京广路西侧的广大范围内"，属于相同地质结构和具有瓷土与煤共生的特点。因此他预测"随着考古发掘工作的深入"，继临城之后将会在内丘和邢台县境内"发现更多的古窑址"。

(53) 1984年夏　在内丘县文化局副局长孙剑华主持下，组织了以贾忠敏为负责人、以贾永禄、姚卫国、李同信、刘三冰为成员的"内丘县文物组"。任务是专门负责在内丘县境内查找邢窑的窑址。在五个乡方圆120平方公里的区域内，先后在磁窑沟、南岭、北大丰、中丰洞、北双流、张家庄、西丘、南程村、宋村、冯唐、河村、武家庄、白家庄和内丘西关等地，发现了二十八处古窑址。其中内丘县城关窑区最为密集。

(54) 1984年　在邢窑研究组工作的张志忠调查临城县射兽瓷窑遗址时，在一农民家中偶然发现一件高59厘米的白瓷带托塔形盖罐，经与老乡交涉将该器带走，准备仿制和研究用，第二天他在县城购买了15个细瓷花碗送给老乡作了交换。1988年捐献给临城县文物保管所收藏，后定为一级文物，是一件不可多得的邢窑大器。

（55）1984年　内丘县境内邢窑遗址的发现，因是文献所记之邢窑所在地，窑址规模大，出土器物比临城县丰富。故而，除内丘县文物保管所发表的《河北省内丘县邢窑调查简报》外，还有一些专家学者或研究者也发表了一些论文，其中有：王舒冰《振奋人心的消息——内丘邢窑问世》、李知宴《内丘邢窑的重大发现》、叶喆民《邢窑三议》、贾永禄等《谈邢窑》、杨文山《关于邢窑的产地问题》。

其后，王莉英又写了《关于白瓷的起源及产地》，杨虎军写了《北朝邢窑早期的青瓷生产和白瓷创烧》，赵鸿声等写了《五代邢窑白瓷生产的衰落表现和原因》，杨文山写了《论宋金时期邢窑白瓷的持续生产》等。

（56）1984年7月至9月　"河北省邢窑研究组"根据已确定的唐代邢窑典型器物，完成了十八种典型器物的仿制模型，并完成了匣钵的成型、倒烟窑的烤烧和匣钵的试烧。10月至12月，完成了仿制器物的成型和"小型试验"以及对这些仿品胎釉的测试，从而进一步制定了十八种唐代邢窑典型器物仿品的胎釉配方。

（57）1985年5月17日　李知宴等在杨文山等陪同下，对临城县陈刘庄窑址进行了考察，李知宴根据器物标本的造型演变，指出"陈刘庄窑址的始烧时间，不应仅仅在隋代考虑，而应再向前提，比如隋朝以前的北齐时代"。

（58）1985年夏　内丘县原县委礼堂北施工时，发现了八个邢窑堆积坑，不仅出土了细白瓷、灰白瓷、黄釉瓷、黑釉瓷和唐三彩，尤为重要的是第一次成批出土了"盈"字款白瓷标本。

（59）1985年9月　临城县东街砖厂发现唐刘府君墓，刘府君墓位于临城县东街村东500米处，出土墓志一盒，其他文物11件，其中有9件白瓷，分别是白釉带托盏4件，执壶1件，均刻"张"字款，白瓷铁足釜1件，器盖1件，盖罐1件，碗1件。这些器物胎质洁白，釉色偏黄，釉面大都有小开片。根据记载，年代为唐大中三年（公元851年），因为有准确纪年，故出土的文物对于邢瓷器物断代极有帮助。

（60）1985年2月至12月　"河北省邢窑研究组"在"小型试验"的基础上，开始进行一定"规模的试烧"，通过不断改进使其逐渐达到工艺要求。10月至12月在"规模试烧"的基础上开始进行了"批量生产"，至年底完成了十八种典型器物的仿制，烧成细白瓷"平底碗"、"璧足碗"、"刻花盒"、"穿带瓶"等二百余件。

（61）1985年12月7日　河北省轻工厅和河北省硅酸盐学会组织了冯先铭等六位专家，对内丘县邢窑窑址进行考察。他们实地考察了窑址，参观了内丘县文物保管所，在文物库房里，看到了出土的各种瓷片、唐三彩和"盈"字款标本。专家们经过考察参观后一致认为，内丘县邢窑遗址的发现，证明了文献记载不误，邢窑中心在内丘已为窑址分布及其出土的器物所证实。如果说临城县窑址的发现"初步揭开了邢窑之谜"，那么内丘县窑址的发现才是正式揭开了"邢窑的庐山真面目"。

(62) 1985年12月 "河北省邢窑研究组"根据河北省轻工厅的安排为鉴定会作好了准备，副组长师宏亮起草了《河北省邢窑研究组工作总结》，副组长杨文山起草了《邢窑遗址发现的经过及其分布》，工艺技术组组长张志忠起草了《邢窑工艺技术研究》（副组长姚毅作了补充修改），工艺美术组组长毕南海起草了《邢窑造型装饰研究》。

(63) 1986年4月14日 故宫博物院研究员李辉柄陪同上海美术出版社《中国陶瓷》编辑组到临城县拍摄了邢窑遗址和器物照片。

(64) 1987年1月14日 河北省轻工厅受轻工部和省科委委托组成了"邢窑恢复研究鉴定委员会"，主任委员由轻工部高级工程师李国桢担任，副主任委员四人分别由轻工部轻工学校副教授胡守真、故宫博物院副研究员李辉柄、中国历史博物馆院副研究员李知宴、河北省地质矿产局高级工程师程在廉担任，委员十四人由故宫博物院副研究馆员王莉英、文化部艺术研究院副研究员李纪贤、河北省轻工厅高级工程师刘可栋等担任。

(65) 1987年1月15日 "邢窑恢复研究鉴定会"在石家庄正式举行，大会听取了《河北省邢窑研究组工作总结》、《邢窑遗址发现的经过及其分布》、《邢窑工艺技术研究》、《邢窑造型装饰研究》的报告，专家一致认为本次利用交叉科学的研究方法，采集了大量的第一手资料，经过科学测试和大量的试验，利用传统的生产工艺，仿制出了十八种器物，达到了预期目的，顺利通过了鉴定。其中后三个研究报告分别发于《河北陶瓷》杂志上。

(66) 1987年2月至6月 临城县航天瓷件厂和临城县文物保管所分别建成两座倒焰窑，准备大规模烧制邢瓷。

(67) 1987年9月22日至26日 河北省文物研究所刘来成、张金栋、樊书海到临城、内丘县调查邢窑遗址，为邢窑遗址发掘做准备工作。

(68) 1988年10月 邢台县西坚固村也发现了古窑址，邢台市地名办主任翁振军先生进行了首次实地调查，在窑址范围内捡到了一些古瓷片，其中主要是青瓷，此外也看到了少量黑釉瓷与褐釉瓷。

(69) 1988至1989年 临城县文物保管所张志忠应聘到航天瓷件厂试烧邢瓷，又仿制出了梅瓶、净瓶、执壶、三系盘口瓶等几十种邢瓷仿制品，并首次出口到日本。其仿制的质量和稳定性均有较大提高。

(70) 1988年至1991年 经国家文物局批准，河北省文物研究所组成了"邢窑考古队"，领队先后由刘来成、王会民担任，参加人员有樊书海、贾永禄、张志忠等。考古队对内丘县、临城县的二十余处窑址进行了全面复查，并分别在内丘礼堂、电影院、西关北，临城的祁村、山下窑址进行发掘，出土了隋至金代各类器物标本上万片。在内丘县西关北还发掘出土了隋代透影白瓷，在电影院发现了唐三彩、"盈"字款白瓷和桶状匣钵，在祁村，山下发掘出土了6座窑炉遗址和印花穿带壶等重要标本，取得了前所未有的重大发现。

(71) 1989年5-11月 杨文山、王会民、张志忠、李恩玮等在邢台县文物保管所人员的陪同下，先后对邢台县西坚固窑址进行了复查。在靠近沙河北岸的二级台坡上，发现了一座就坡挖成的馒头状窑体和石臼，在田间地头捡到了具有北朝风格的青瓷残件，发现了北朝普遍使用的"锯齿形垫圈"。据此认定这里应是北朝遗存，但遗址已不见文化层，已被金元时期的冶铁遗址所破坏。

（72）1989年6月　毕南海、张志忠的《邢窑装烧方法的研究》发表于《河北陶瓷》1989年2期，对窑炉结构、窑具的种类及装窑烧成方法进行了综合研究，提出了新观点，图文并茂。

（73）1989年7月3日　"邢窑恢复研究"项目获河北省轻工业厅科技一等奖。获奖人员为杨文山、毕南海、张志忠、姚毅。

（74）1989年11月25日至29日　"89′中国古代陶瓷科学技术国际学术讨论会"在上海虹桥宾馆召开，发表有关邢窑的论文有：陈尧成、张福康、张志忠、毕南海的《邢窑隋唐细白瓷研究》及毕南海、张志忠的《邢窑历代窑具和装烧方法》。前文利用高科技技术手段对隋代透影白瓷胎釉及隋唐时期白瓷成分及显微结构进行了分析，首次指出透影白瓷加入了长石、石英等脊性原料。

（75）1991年7月　故宫博物院研究员耿宝昌先生一行三人到临城县邢窑遗址考察并参观了文物保管所文物库房，将邢窑白釉塔式罐定为一级文物。

（76）1991年12月　临城县磁窑沟村发现一座隋唐眭氏家族墓地，文物保护员王同章将消息报告县文物保管所，孙光华、张志忠邀请正在祁村发掘邢窑遗址的省考古队队员樊书海共同进行了发掘清理工作。出土墓志一合，瓷器两件，彩绘陶俑21件，其中青釉三系罐被专家定为隋代邢窑产品（三级文物）。

（77）1992年　在内蒙古赤峰市阿鲁科尔沁旗辽耶律羽之墓出土了邢窑"盈"字款白釉注子和"盈"字款白釉大碗，为晚唐邢窑产品。墓主卒于辽会同四年（941年），葬于会同五年（942年），此器应是后晋石敬瑭献于契丹之物。

（78）1992年10月15日　在邢台市政府副市长刘玉峰主持下，以"邢台市陶瓷科技研究所"为基础成立了"中国邢州窑研究所"。研究班子由高级工程师蔡成铸、工艺技术工程师王振山、化验工程师张风菊、工艺美术助理工程师王明武以及技师、技术工人等十五人组成。杨文山被聘为历史顾问兼副所长，参与领导和主持研究所的研究活动。

（79）1992年　陕西省西安市青龙寺遗址出土了3件底刻"盈"字款的白瓷，是邢窑专为唐大明宫"大盈库"烧制的瓷器。由此可见"盈"字款白瓷是唐代贡品。

（80）1993年　国家文物局屈盛瑞副处长、中国文物研究所刘兰华研究员到临城县考察，他们先后考察了祁村邢窑遗址并观看了出土的邢瓷器物标本。

（81）1993年12月　河北省文物鉴定组到邢台市及各县进行了库藏文物鉴定，临城县的白釉塔式罐、内丘县的"翰林"款白釉罐、黄釉印花扁壶被定为一级文物，另有几十件邢瓷藏品分别被鉴定为二、三级文物。鉴定人员有：董增凯、常素霞、穆青、冀金刚。

(82) 1994年　樊书海、张志忠的发掘报告《河北省临城西磁窑沟发现隋唐墓》发表于《文物春秋》第3期，报告指出出土的两件瓷器为邢窑早期典型器物，因有纪年，对邢窑器物断代有一定的参考价值。

(83) 1994年　日本和埃及政府考古厅共同合作着手编辑福斯塔特遗址出土文物的综合目录，发现了中国陶瓷残片12700余片，其中白瓷2069片，占总数的6.1%，分别为唐、五代、宋、元、明各个时期，这些白瓷以唐代后期的邢窑白瓷为主，初期的邢窑白瓷数量稀少。唐五代的白瓷标本共139片，尽管数量少，质量却很精良，还有一刻"官"字款的残片。可分为典型的邢窑产品和邢窑系产品两大类，数量上以邢窑系产品为主，器形以碗、盘为主。

(84) 1996年12月　邢窑遗址被国务院公布为第四批全国重点文物保护单位。

(85) 1997年3月至6月　河北省邢窑考古队发掘遗物标本整理工作在省文研所平山县工作站开展,整理人员有：王会民、樊书海、张志忠，其间完成了《邢窑遗址调查试掘报告》初稿。

(86) 1997年6月　在邢台市桥东区顺德路第一医院北侧建筑施工中发现了古窑址，邢台市文物管理处副处长李恩玮组织进行了试掘。在两个4×4米的探方中，出土了白釉深腹碗、长颈瓶、双系盘口瓶、钵、盂、双系罐、瓷瓦、宝顶式建筑构件等大量器物标本和"蘑菇状窑柱"、"三角形垫片"窑具，其中"三角形垫片"数量最多，足足装了十袋，据此可证应是一处产量规模可观的隋代邢窑窑址，主要产品为白瓷和黑釉瓷。

(87) 1997年10月　中国古陶瓷研究会在河北省会石家庄市阳光大厦召开了国际性的"中国古陶瓷研究会1997年会暨河北三大窑研讨会"，国内外专家学者和研究者百余人参加了会议。此次年会的研究中心是河北的历史名窑，其中主要是邢窑、定窑、磁州窑及刚发现的井陉窑。在向大会提交的论文中，有十篇涉及到了邢窑，其中专以邢窑论述的有王会民、张志忠的《邢窑调查试掘主要收获》，张志忠、王会民的《邢窑隋代透影白瓷》，杨文山的《邢窑"精细透光白瓷"的初步研究》。邢窑、定窑兼论的有叶喆民的《近卅年来邢定二窑研究记略》，李久海、朱薇君的《论扬州出土的一批唐代邢、定窑白瓷》，毕南海的《邢定二窑的关系及制品考》，吕成龙的《故宫博物院藏邢窑定窑瓷器选介》等。

(88) 1998年　在印度尼西亚爪哇附近勿里洞岛海域发现的"黑石号"沉船中的唐代白瓷，有关专家从造型、胎釉、制作工艺等方面进行分析，认为可分为两类：一种是精白瓷，胎质细白，釉质润泽，器壁较薄，造型规整；另一种胎质较粗松，器形较厚，釉质较浊，胎通常施白色化妆土，并确定它们都是中国北方窑口的产品。其中有一部分属于邢窑的产品。

(89) 1998年　临城县文物保管所在临城崆山白云洞风景区内开办了我国第一个邢瓷专题陈列室，展出邢窑陶瓷器物标本200余件。为了恢复中断的邢窑研究和仿制工作，他们还建起了一座邢瓷作坊，生产出了十几种仿制产品，分别销往邢台、石家庄、北京等地，并出口到国外。其作坊被省旅游局批准为河北省旅游产品定点企业，作品多次参加展览。

(90) 2001年夏　邢台市老城区清风楼东侧南长街建筑施工时，在工地土坑中发现了一批刻有"大盈"款的白瓷片，全部为平底碗。由于这批瓷片出土后流散于民间，因此出土的数量到底有多少不得而知，不过根据获得的信息，目前知其下落者至少有十余片，多为私人收藏。

(91) 2002 年 10 月　由上海博物馆主办，在上海市召开了"中国古代白瓷国际学术研讨会"，国外及港台专家学者 40 多人和国内专家学者 60 多人参加了会议。会议的研究中心议题是我国历代白瓷。在向大会提交的论文中，有 20 多篇涉及到了邢窑，其中主要有：吕成龙先生的《唐代邢窑"翰林""盈"字款白瓷罐刍议》，穆青先生的《青瓷、白瓷、黄釉瓷——试论河北北朝至隋代瓷器的发展演变》，王会民、马冬青、张志忠的《邢窑装饰初探》等文章。

(92) 2003 年 5-8 月　为配合河北省内丘县旧城改造工程，经国家文物局批准，河北省文物研究所会同市县文物部门，在原县委礼堂旧址发掘了邢窑窑址群，发掘面积 1224 平方米，挖出窑体十余座。此次发掘遗物十分丰富，不仅出土了大量窑具，还有印花细白瓷和刻花透影白瓷、彩绘陶器、唐三彩、玩具等。不仅又成批出土了"盈"字款标本，还首次出土了"官"字款标本。7 月 29 日《河北日报》一版以《内丘发现邢窑窑群》、8 月 5 日《人民日报》五版以《最早"官"字款瓷器出土》为题进行了报道。河北省文研所王会民、樊书海参与发掘后于 10 月 29 日在《中国文物报》一版以《邢窑遗址考古发掘有重要发现》为题进行了报道。这次发掘是邢窑考古历史上发掘面积最大、出土遗迹遗物最丰富、收获最大的一次。

(93) 2003 年 12 月　为配合邢钢有限责任公司东生活区七号楼施工，邢台市文物管理处对施工区内的 4 座唐代墓葬进行了发掘，出土了两件"盈"字款白瓷器。即"盈"字款盏托 1 件，"盈"字款平底白瓷碗 1 件，还有白釉短流执壶，白釉葫芦形执壶各一件，白釉玉璧底瓷碗 2 件。

(94) 2004 年 12 月　河北省文物研究所，内丘、临城县文物保管所《邢窑遗址调查试掘报告》（王会民、樊书海、张志忠执笔）在《考古学集刊》总第 14 集发表，使邢窑的科学发掘成果公诸于世，这是我国第一篇经过科学发掘、资料丰富翔实的邢窑遗址调查发掘报告，为系统了解邢窑的发生发展及延续过程提供了重要依据和较为可靠的标尺。

(95) 2005 年　内丘县文物保管所协助公安机关破获一起非法盗墓案件，收缴两件邢窑白瓷，分别为唐"翰林"款白瓷罐和"盈"字款海棠形白釉盏。器物较为完整，胎质洁白细腻，釉面光亮，造型独特。

(96) 2005 年　临城县岗西北台砖厂发现北宋砖室墓，出土了两件邢窑器物：一件白瓷碗，胎较粗，釉泛黄，与临城县澄底邢窑窑址瓷片较为接近；另一件为绿釉陶加褐彩贴花塔形盖罐，高 62 厘米，底径 17.5 厘米，釉面光亮，造型独特，装饰精美。座下面暴胎处墨书款"大宋至和□□年□月……"，至和为宋仁宗年号，共 3 年，故推断此墓的年代应在公元 1054 年至 1056 年之间，即北宋早期。这一发现对了解北宋时期邢窑的生产状况提供了重要实物依据。

(97) 2005 年 8 月　河北省邢台市文物管理处李恩玮、石丛枝、李军主编的《邢台粮库遗址》一书由科学出版社出版，书中发表了于 2002 年 2 至 3 月发掘的邢台市粮库中唐遗址出土情况。出土的邢窑产品有：唐白釉高足瓷杯、白釉瓷罐、白釉敛口钵、红釉瓷瓶、双系瓷罐等器物。

(98) 2006年4月30日至5月18日　临城县文物保管所对因农民采矿发现的东柏畅唐代墓葬进行发掘清理，共发掘墓葬11座，出土文物147件，其中白釉瓷器16件，黑釉瓷器4件，黄釉瓷器3件，三彩器2件，均为唐代中期邢窑产品。

(99) 2006年7月　河北省邢台市文物管理处石丛枝、李军、李恩玮、王睿主编的《邢台隋代邢窑》一书由科学出版社出版。该书主要记述了1997年6月在邢台市桥东区顺德路第一医院北侧试掘的隋代邢窑窑址报告资料。此次发掘出土的有白、黄、黑釉深腹碗、杯、高足盘、瓶以及窑柱、支架垫圈等窑具。其中黑釉板瓦、筒瓦及高足尖顶桃形器等建筑构件，是国内首次发现。此书是邢窑隋代窑址的第一部发掘报告专著。

(100) 2006年9月4日至5日　著名陶瓷专家、中国古陶瓷学会会长、故宫博物院研究员耿宝昌先生和吕成龙、冯小琦、董建丽等专程来到邢台，在邢台市文物管理处副处长李恩玮、临城县文物局副局长张志忠的陪同下，耿先生一行不顾长途劳累先后到邢台市文物中心库房、临城县祁村和内丘县城区邢窑遗址进行了考察，观看了邢台市及内丘、临城县最新出土的邢窑瓷器和标本。

邢窑参考资料目录

The Reference Contents of Xing Kiln

赵庆钢

（一）发掘报告

序号	名称	作者单位与姓名	出版刊物名称	刊出时间
1	河北邢台清理的宋墓	唐云明	《考古》	1961年3期第174页
2	合肥市发现明代瓷窖藏和唐代邢窑瓷	合肥市文管处	《文物》	1978年8期第51页
3	唐代邢窑遗址调查报告	河北临城邢瓷研制小组：杨文山、林玉山	《文物》	1981年9期第37～43页
4	河北省内丘县邢窑调查简报	内丘县文物保管所：贾忠敏、贾永禄	《文物》	1987年9期第1～10页
5	河北易县北韩村唐墓	河北省文物研究所：石永士	《文物》	1988年4期第66～70页
6	唐长安西明寺遗址发掘简报	中国社会科学院考古研究所西安唐城工作队	《考古》	1990年1期
7	河北临城七座唐墓	临城县城建局：李振奇 柏乡县文保所：史云征 隆尧县文保所：李兰珂	《文物》	1990年5期第21～27页
8	河北省临城西磁窑沟发现隋唐墓	河北省文研所、临城县文保所：樊书海、张志忠	《文物春秋》	1994年3期
9	辽耶律羽之墓发掘简报	内蒙古文物考古研究所	《文物》	1996年1期第4～32页
10	邢窑调查试掘主要收获	河北省文研所、临城县文保所：王会民、张志忠	《文物春秋》"中国古陶瓷研究会1997年年会论文集"	1997年增刊总第38期第8～14页
11	晚唐水邱氏墓出土的白瓷	浙江省临安市文物馆：蓝春秀	台湾《故宫文物月刊》	1999年2期总第191期第100～107页
12	临城山下金代瓷窑遗址试掘简报	河北省文研所、临城县文保所：王会民、樊书海	《文物春秋》	1999年6期
13	西安市唐长安城大明宫太液池遗址发掘报告	中国社会科学院考古研究所、日本独立行政法人文化财研究所奈良文化财研究联合考古队	《考古》	2003年11期

序号	名称	作者单位与姓名	出版刊物名称	刊出时间
14	西安南郊新发现的唐长安新昌坊"盈"字款瓷器及相关问题	尚民杰、程林泉	《文物》	2003年12期
15	河北邢台市唐墓的清理	邢台市文物管理处：石从枝、李军	《考古》	2004年5期
16	邢窑遗址调查试掘报告	河北省文研所、内丘县文保所、临城县文保所：王会民、樊书海、张志忠	《考古学集刊》	2004年12月总第14集
17	邢台市邢钢东生活区唐墓发掘简报	邢台市文管处：李恩玮	《文物春秋》	2005年2期总第82期第46~50页
18	唐代白瓷器在西安的发现	西安市文物保护考古研究所：王长启	《中国古代白瓷国际学术研讨会论文集》(2002)上海博物馆编辑、上海书画出版社	2005年7月第207~216页
19	邢台宋墓出土"官"字款瓷碗	邢台市文管处：李军	《文物春秋》	2005年第5期第31~32页
20	邢台旅馆唐、金墓葬	邢台市文管处：李军	《文物春秋》	2006年6期总第92期第36~42页

（二）邢窑论文

序号	名称	作者单位与姓名	出版刊物名称	刊出时间
21	邢越二窑及定窑	陈万里	《文物参考资料》	1953年9期第91~106页
22	邢窑和定窑	瑞典学者：古斯塔夫·林德伯格博士	《斯德哥尔摩远东古物馆第25期简报》	1953年
23	唐代邢窑白瓷的初步探讨	河北师范大学历史系：杨文山	《河北师范大学学报》（社会科学版）《河北陶瓷》	1980年2期1980年3期第50~56页
24	谈邢窑有关诸问题	故宫博物院：冯先铭	《故宫博物院院刊》	1981年4期第49~55页
25	唐代邢窑	中国历史博物馆研究员：傅振伦	《史学月刊》	1981年4期第76页
26	唐邢窑窑址考察与初步探讨	故宫博物院：李辉柄	《文物》	1981年9期第44页
27	邢窑刍议	中央工艺美术学院教授：叶喆民	《文物》《河北陶瓷》	1981年9期第49页1982年1期第1页

序号	名称	作者单位与姓名	出版刊物名称	刊出时间
28	唐代邢窑和上海博物馆藏邢瓷珍品	上海博物馆：周丽丽	《上海博物馆论文集集刊—建馆三十周年特辑》上海古籍出版社	1982年版 总2期第275~283页
29	邢瓷谈	王舒冰	《河北陶瓷》	1982年3期第41页
30	唐代邢窑遗址的发现和初步分析	河北师范大学历史系：杨文山	《河北学刊》	1982年3期第138页
31	说唐代邢窑	中国历史博物馆研究员：傅振伦	《中国历史博物馆馆刊》	1982年4期总第4期第110~112页
32	再论邢窑	中央工艺美术学院教授：叶喆民	《中国陶瓷》"古陶瓷研究专辑"《中国陶瓷研究》科学出版社	1982年7期第78~80页1987年
33	唐代邢窑的发现和日本出土的白瓷	日本学者：寺岛考一等	日本《古代文化》34卷第11期	八十年代临城县发现邢窑遗址后
34	唐代邢窑之谜（上、下）	日本学者：井恒春雄	《日本美术工艺》	1982年总530、531期
35	隋代邢窑遗址的发现和初步分析	河北师范大学历史系：杨文山	《文物》	1984年12期第51~57页
36	邢窑三议	中央工艺美术学院教授：叶喆民	《河北陶瓷》	1986年4期第33~36页
37	论邢窑瓷器的发展和分期	中国历史博物馆研究员：李知宴	《香港中文大学中国文化教育研究所学报》	1986年号第17卷
38	邢窑工艺技术研究	河北省邢窑研究组（张志忠、姚毅执笔）	《河北陶瓷》	1987年2期第6页
39	邢窑造型装饰研究	河北省邢窑研究组（毕南海执笔）	《河北陶瓷》	1987年2期第27页
40	内丘邢窑的重大发现	中国历史博物馆研究员：李知宴	《河北陶瓷》	1987年4期第32页
41	邢窑"盈"字及定窑"易定"考	上海博物馆研究员：陆明华	《上海博物馆集刊—建馆三十五周年特辑》上海古籍出版社	1987年总第4期第257~262页
42	唐代北方白瓷与邢窑	中央工艺美术学院教授：叶喆民	《贸易陶磁研究》日本贸易陶瓷研究会编	1987年7期
43	邢窑遗址发现的经过及其分布	河北省邢窑研究组（杨文山执笔）	《河北陶瓷》	1988年2期第17~20页
44	邢窑装烧方法研究	河北唐山市陶瓷研究所、临城县文保所：毕南海、张志忠	《河北陶瓷》	1989年2期
45	邢窑隋唐细白瓷研究	陈尧成、张福康、张志忠、毕南海	《上海古陶瓷科学技术国际讨论会论文集》	1989年
46	记一组邢窑茶具及同出的瓷人像	孙机、刘家琳	《文物》	1990年4期第37页

序号	名称	作者单位与姓名	出版刊物名称	刊出时间
47	谈邢窑	河北省内丘县文保所、临城县城建局:贾永禄、贾忠敏、李振奇	《河北陶瓷》	1991年2期第11~19页
48	邢窑隋唐细白瓷研究	中国科学院上海硅酸盐研究所、临城县文保所、唐山陶瓷研究所:陈尧成、张福康、张志忠、毕南海	《古陶瓷科学技术1989年国际讨论会论文集》上海科学技术文献出版社《景德镇陶瓷学院学报》	1992年版第191页 第11卷第1期
49	邢窑的沉浮	河北师范大学历史系:杨文山 唐山陶瓷研究所:赵鸿声	《河北陶瓷》	1993年1期第34~38页
50	关于邢窑产地问题	河北师范大学历史系副教授:杨文山	《河北陶瓷》	1993年2期第36页
51	论邢台的瓷土资源与历史利用	河北省地质矿产局勘查处高级工程师:程在廉	《邢台历史经济论丛》杨文山、翁振军主编,中国人事出版社	1994年11月第68~84页
52	邢窑 研究综述	河北轻化工学院教务处高级工程师:姚毅	《邢台历史经济论丛》杨文山、翁振军主编,中国人事出版社	1994年11月第308~328页
53	北朝邢窑早期的青瓷生产和白瓷创烧	石家庄市裕东小学史地教师:杨虎军	《邢台历史经济论丛》杨文山、翁振军主编,中国人事出版社	1994年11月第329~344页
54	隋唐邢窑白瓷化学组成及工艺研究	中国科学院上海硅酸盐研究所研究员:张志刚、李家治	《邢台历史经济论丛》杨文山、翁振军主编,中国人事出版社	1994年11月第345~369页
55	五代邢窑白瓷生产的衰落表现和原因	《河北陶瓷》主编副编审:赵鸿声、河北师范大学历史系副教授:杨文山	《邢台历史经济论丛》杨文山、翁振军主编,中国人事出版社	1994年11月第370~378页
56	论宋金时期邢窑白瓷的持续生产	河北师范大学历史系副教授:杨文山	《邢台历史经济论丛》杨文山、翁振军主编,中国人事出版社	1994年11月第379~394页
57	关于邢窑白瓷的外销问题	故宫博物院:杨静荣	《邢台历史经济论丛》杨文山、翁振军主编,中国人事出版社	1994年11月第395~398页
58	青龙寺遗址出土"盈"字款珍贵白瓷器	西安市文物保护考古研究所:翟春玲、王长启	《考古与文物》	1997年6期第6~12页
59	近三十年来邢定二窑研究记略	中央工艺美术学院教授:叶喆民	《文物春秋》(转摘自香港《文物考古论丛》—"敏求精舍三十周年纪念论文集"),"中国古陶瓷研究会1997年年会论文集"	1997年增刊总第38期第1~7页
60	邢窑"精细透光白瓷"的初步研究	河北师范大学历史系副教授:杨文山	《文物春秋》"中国古陶瓷研究会1997年年会论文集"	1997年增刊总第38期第15~25页

序号	名称	作者单位与姓名	出版刊物名称	刊出时间
61	邢窑隋代透影白瓷	临城县文保所、河北省文研所:张志忠、王会民	《文物春秋》"中国古陶瓷研究会1997年年会论文集"	1997年增刊总第38期第26～30页
62	桂林出土的唐代邢、定窑白瓷及相关问题探析	桂林市文物商店:李华、王小芬、王玉玲	《文物春秋》"中国古陶瓷研究会1997年年会论文集"	1997年增刊总第38期第31～32页
63	唐、五代邢、定窑白瓷在长沙的发现及其对湖南制瓷的影响	湖南省博物馆:李建毛	《文物春秋》"中国古陶瓷研究会1997年年会论文集"	1997年增刊总第38期第36～38页
64	论扬州出土的一批唐代邢、定窑白瓷	扬州唐城考古队、苏州碑刻博物馆:李久海、朱薇君	《文物春秋》"中国古陶瓷研究会1997年年会论文集"	1997年增刊总第38期第39～43页
65	邢定二窑的关系及制品考	河北省唐山市陶瓷研究所:毕南海	《文物春秋》"中国古陶瓷研究会1997年年会论文集"	1997年增刊总第38期第53～56页
66	邢窑问题新议	河北省文研所、临城县文保所:王会民、樊书海、张志忠	《河北省考古文集》第一辑,东方出版社	1998年
67	二十世纪中外学者对邢窑的研究	河北师范大学历史系副教授:杨文山等	《中国历史博物馆馆刊》	1999年1期总第32期第94～105页
68	关于邢窑的文献记载问题	河北师范大学历史系副教授:杨文山	《中国历史博物馆馆刊》	2000年2期第107～113页
69	西安市出土"翰林"、"盈"字款邢窑白瓷罐	西安市文物保护考古研究所:王长启	《文物》	2002年4期第83～84页
70	"翰林"、"盈"字款白瓷研究	故宫博物院:吕成龙	《故宫博物院院刊》	2002年5期总第103期第27～32页
71	邢窑瓷器鉴识	河北邯郸:何伯阳、张慧红	《收藏》	2003年3月总第123期第25～27页
72	唐代邢窑白瓷装饰工艺的初步探讨	邢台学院美术系:国英	《邢台学院学报》	2003年第4期
73	六至十世纪河北地区的瓷器断代及邢窑瓷器的分期研究	故宫博物院:王光尧	《故宫学刊》紫禁城出版社	2004年总第一辑第506～539页
74	邢窑唐三彩工艺研究	河北师范大学历史系副教授:杨文山	《中国历史文物》	2004年1期总第48期第57～68页
75	青瓷、白瓷、黄釉瓷——试论河北北朝至隋代瓷器的发展演变	河北省文物局:穆青	《中国古代白瓷国际学术研讨会论文集》(2002)上海博物馆编辑,上海书画出版社	2005年7月第128～142页

序号	名称	作者单位与姓名	出版刊物名称	刊出时间
76	邢窑装饰初探	河北省文研所、临城县文保所:王会民、马冬青、张志忠	《中国古代白瓷国际学术研讨会论文集》(2002)上海博物馆编辑,上海书画出版社	2005年7月第230～237页
77	唐代邢窑"翰林"、"盈"字款白瓷罐刍议	故宫博物院:吕成龙	《中国古代白瓷国际学术研讨会论文集》(2002)上海博物馆编辑,上海书画出版社	2005年7月第239～243页
78	对北京出土邢、定、龙泉务窑白瓷的几点认识	上海硅酸盐研究所研究员:胡志刚	《中国古代白瓷国际学术研讨会论文集》(2002)上海博物馆编辑,上海书画出版社	2005年7月第349～355页
79	浅议邢窑唐三彩	内丘县文保所、中国科学院高能所核分析室:贾成惠、雷勇、冯松林、冯向前	《文物春秋》	2006年1期
80	唐代邢窑贡瓷"盈"字款研究	河北师范大学西校区:支广正	《文物春秋》	2006年5期第39～45页

(三)相关研究

序号	名称	作者单位与姓名	出版刊物名称	刊出时间
81	调查平原、河北二省古代窑址报告	陈万里	《文物参考资料》	1952年1期
82	故宫博物院十年来对古窑址的调查	陈万里、冯先铭	《故宫博物院院刊》	1960年总2期
83	唐代瓷窑概况与唐瓷的分期	中国历史博物馆研究员:李知宴	《文物》	1972年3期
84	定窑和有关白瓷的《导言》	英籍华人学者:拉威尔夫人(傅振伦译)	《河北陶瓷》	1979年增刊
85	专家座谈邢窑	《河北陶瓷》主编、副编审:赵鸿声	《河北陶瓷》	1982年1期第6页
86	定窑的历史以及与邢窑的关系	故宫博物院:李辉柄	《故宫博物院院刊》	1983年3期第70～77页
87	临城邢窑故址	新西兰:路易·艾黎	《瓷国游历记》轻工业出版社	1983年10月
88	略谈河北"三大名窑"	故宫博物院:李辉柄	《考古与文物》	1984年3期第87～90页
89	中国南北方历代白瓷	郭演仪等	《中国古代陶瓷科学技术成就》上海科学技术出版社	1985年
90	太行陶瓷话沧桑	程在廉	《河北陶瓷》	1985年1期第40页

序号	名称	作者单位与姓名	出版刊物名称	刊出时间
91	邢窑中心在内丘	程在廉	《河北陶瓷》	1986年1期 第53页
92	茶经与唐代瓷器	故宫博物院:李辉柄	《故宫博物院院刊》	1986年3期
93	关于白瓷的起源及产地	故宫博物院:王莉英	《中国古陶瓷研究》 中国古陶瓷学会编 紫禁城出版社	1987年创刊号 第44~45页
94	振奋人心的消息—— 内丘邢窑问世	中央工艺美术学院:王舒冰	《河北陶瓷》	1987年1期
95	邢台历史上的一颗明珠 ——唐代邢窑白瓷述略	沈善建、张予甲	《邢台文史资料》三	1987年10月
96	从扬州出土的陶瓷资料 看唐代的贸易陶瓷	周林	《中国古代陶瓷的外销》 "福建晋江年会论文集"	1987年
97	论古陶瓷研究方案设计	刘可栋	《河北陶瓷》	1988年2期
98	西北华东五省市隋唐 白瓷考察纪实(一) (二)(三)	河北唐山市陶瓷研究所: 毕南海	《河北陶瓷》	1988年3期 第10~14页 1988年4期 第3~6页 1989年1期 第45~52页
99	隋唐邢窑遗址考察实录	中央工艺美术学院:王舒冰	《邢台历史文化论丛》 杨文山、翁振军主编 河北人民出版社	1990年12月 第355~369页
100	北方瓷器发展的几个问题	故宫博物院:李辉柄	《故宫博物院院刊》	1991年1期
101	近十年陶瓷考古主要收 获与展望	故宫博物院:冯先铭	台湾《中华文物学会》	1991年刊
102	河北内丘出土"翰林"款 白瓷	内丘县文保所:贾永禄	《考古》	1991年5期 第416页
103	邢窑白瓷艺术源远流长	王舒冰	《河北陶瓷》	1992年3期 第29页
104	唐代邢州的手工业和商 业(二、邢州的制瓷业)	河北省社会科学院历史研究 所研究员:孙继民	《邢台历史经济论丛》 杨文山、翁振军主编 中国人事出版社	1994年11月 第173~177页
105	邢台的煤炭资源开发历 史和发展取向(三、古代 劳动人民对邢台煤矿的 开发利用)	河北师范大学历史系副教授: 李达三	《邢台历史经济论丛》 杨文山、翁振军主编 中国人事出版社	1994年11月 第36~41页
106	北朝、隋代白瓷考	赵宏	《陶瓷研究》	1995年2期
107	故宫藏唐代刻陶工款白 瓷两例	故宫博物院:吕成龙	《紫禁城》	1996年4期
108	《茶经·四之器》质疑 ——兼论瓯窑、越窑、 邢窑及相互关系	浙江省博物馆:蔡乃武	《文物春秋》"中国古陶 瓷研究会 1997年年会 论文集"	1997年增刊 总第38期 第191~193页

序号	名称	作者单位与姓名	出版刊物名称	刊出时间
109	谈辽耶律羽之墓出土的几件瓷器	吉林大学考古系:彭善国	《文物春秋》	1998年1期
110	隋丰宁公主与附马韦国照合葬墓出土的珍贵瓷器	陕西省考古研究所:戴应新	《收藏》	1999年6期总第78期第18～19页
111	河北瓷窑考古的几个问题——中国考古学跨世纪的回顾与前瞻	河北省文物研究所:孟繁峰、王会民、张春长	《1999年西陵国际学术研讨会文集》张忠培、许倬云主编,科学出版社	2000年10月第365～380页
112	试析扬州出土的唐代白瓷	扬州市:池军、薛炳宏	《扬州博物馆建馆五十周年纪念文集》南京博物院编,《东方文化》杂志社	2001年增刊1
113	浅析唐代北方制瓷工艺成就	中国国家博物馆:于文荣	《中国历史博物馆馆刊》	2002年2期
114	唐代邢窑三彩器	邢台市文物管理处:石从枝	《中国文物报》	2002年5月8日
115	河北古瓷窑与唐三彩	河北省博物馆:申献友	《中国古陶瓷研究》第八辑中国古陶瓷学会编,紫禁城出版社	2002年12月第109～125页
116	古往今来话白瓷—浅析隋唐白瓷的工艺与发展	大连外国语学院国际艺术系:刘虹	《中国陶瓷》	2003年2月第1期第52～54页
117	唐大盈库与琼林库	西安市文物保护考古研究所副研究员:尚民杰、程林泉	《考古与文物》	2004年6期总第146期第81～85页
118	中国白瓷研究中若干问题的讨论	上海博物馆:汪庆正	《中国古代白瓷国际学术研讨会论文集》(2002)上海博物馆编辑,上海书画出版社	2005年7月第1～7页
119	白瓷的产生和发展	日本大阪市立美术馆:蓑丰	《中国古代白瓷国际学术研讨会论文集》(2002)上海博物馆编辑,上海书画出版社	2005年7月第9～12页
120	白瓷的出现及其发展	故宫博物院:李辉柄	《中国古代白瓷国际学术研讨会论文集》(2002)上海博物馆编辑,上海书画出版社	2005年7月第43～51页
121	我国白瓷首先诞生於北方的一些思考	中国艺术研究院美术研究所:李纪贤	《中国古代白瓷国际学术研讨会论文集》(2002)上海博物馆编辑,上海书画出版社	2005年7月第75～79页
122	早期白瓷的发展轨迹	北京大学考古系:秦大树	《中国古代白瓷国际学术研讨会论文集》(2002)上海博物馆编辑,上海书画出版社	2005年7月第81～93页

序号	名称	作者单位与姓名	出版刊物名称	刊出时间
123	隋唐五代白瓷的分期研究	中国国家博物馆:李知宴	《中国古代白瓷国际学术研讨会论文集》(2002)上海博物馆编辑,上海书画出版社	2005年7月第95～110页
124	唐代"黑石号"沉船出土白瓷初步研究（1998年在印度尼西亚爪哇附近勿里洞岛海域的"黑石号"沉船中的唐代白瓷）	上海博物馆:陈克伦	《中国古代白瓷国际学术研讨会论文集》(2002)上海博物馆编辑,上海书画出版社	2005年7月第169～177页
125	埃及福斯塔特遗迹出土的晚唐至宋代白瓷	日本京都橘女子大学:弓场纪知	《中国古代白瓷国际学术研讨会论文集》(2002)上海博物馆编辑,上海书画出版社	2005年7月第179～183页
126	浅谈临安水邱氏墓出土的晚唐白瓷器	浙江省临安市文物馆:蓝春秀	《中国古代白瓷国际学术研讨会论文集》(2002)上海博物馆编辑,上海书画出版社	2005年7月第218～222页
127	关于水邱氏墓金银、金银钿白瓷的一些看法	上海博物馆:江松	《中国古代白瓷国际学术研讨会论文集》(2002)上海博物馆编辑,上海书画出版社	2005年7月第224～228页
128	从故宫博物院藏品谈早期白瓷	故宫博物院:王莉英、冯小琦、陈润民	《中国古代白瓷国际学术研讨会论文集》(2002)上海博物馆编辑,上海书画出版社	2005年7月第373～380页
129	英国维多利亚和阿伯特博物院藏中国早期白瓷	英国维多利亚和阿伯特博物院:柯玫瑰	《中国古代白瓷国际学术研讨会论文集》(2002)上海博物馆编辑,上海书画出版社	2005年7月第406～411页
130	大英博物馆所藏明代以前的白瓷	英国大英博物馆:霍吉淑	《中国古代白瓷国际学术研讨会论文集》(2002)上海博物馆编辑,上海书画出版社	2005年7月第419～425页
131	福尔克藏品中的中国早期白瓷	佳士得拍卖行亚洲艺术部:苏玫瑰	《中国古代白瓷国际学术研讨会论文集》(2002)上海博物馆编辑,上海书画出版社	2005年7月第433～445页
132	泰国发现的9世纪中国北方白瓷	美国芝加哥田野博物馆:柯翠媚、班臣	《中国古代白瓷国际学术研讨会论文集》(2002)上海博物馆编辑,上海书画出版社	2005年7月第465～473页

序号	名称	作者单位与姓名	出版刊物名称	刊出时间
133	瑞典乌尔里瑟港远东博物馆所藏中国北方早期白瓷	瑞典乌尔里瑟港远东博物馆:雅尔·万斯维克	《中国古代白瓷国际学术研讨会论文集》(2002)上海博物馆编辑,上海书画出版社	2005年7月第487～495页
134	唐代白瓷仿金银器的初步研究	中国国家博物馆:于文荣	《中国古代白瓷国际学术研讨会论文集》(2002)上海博物馆编辑,上海书画出版社	2005年7月第560～574页
135	色度学在古白瓷研究中的应用初探	中国科学技术大学:王昌燧、凌雪、杨益民、冯敏、周大程	《中国古代白瓷国际学术研讨会论文集》(2002)上海博物馆编辑,上海书画出版社	2005年7月第593～597页
136	中国古代白瓷的胎釉元素成分初步分析	上海博物馆:何文权、熊樱菲	《中国古代白瓷国际学术研讨会论文集》(2002)上海博物馆编辑,上海书画出版社	2005年7月第599～605页
137	对亚巴斯王朝白浊釉陶器产生影响的中国白瓷碗	日本金泽大学:佐佐木达夫、佐佐木花江	《中国古代白瓷国际学术研讨会论文集》(2002)上海博物馆编辑,上海书画出版社	2005年7月第642～659页
138	邢窑白瓷 盛唐经典	新民晚报:钱汉东	《寻访中华名窑》上海古籍出版社	2005年7月

(四)通讯报道

序号	名称	作者单位与姓名	出版刊物名称	刊出时间
139	唐代邢窑白瓷	河北省邢台市一中教师:杨文山	《河北日报》《滏阳日报》	1961年5月5日副刊版 1960年3月16日副刊版
140	为杨文山《唐代邢窑白瓷的初步探讨》所写的"编者按语"	《河北陶瓷》主编:赵鸿声	《河北陶瓷》	1980年4期
141	"邢窑之谜"初步揭晓	新华社石家庄11月18日电	《河北日报》	1980年11月20日
142	妙音悦耳的瓷器	中国艺术研究院美术研究所:李纪贤	《紫禁城》	1981年3期
143	邢州归来	中央工艺美术学院:王舒冰	《河北陶瓷》	1981年4期第27页
144	河北临城探寻到新的唐代瓷窑遗址,揭开了中外学者关注的"邢窑之谜"	新华社石家庄5月1日电	《光明日报》	1981年5月2日3版

序号	名称	作者单位与姓名	出版刊物名称	刊出时间
145	临城探寻到新的唐代瓷器窑址——出土的白瓷器物就是著名的唐代邢瓷	新华社石家庄5月1日电，新华社记者胡承清	《人民日报》	1981年5月3日2版
146	唐代邢窑之谜的解开	中新社记者:陈则平	香港《文汇报》特稿(此报道还在香港《大公报》、日本《新新日报》、美国《纽约时报》、英国《泰晤士报》等转载》	1981年5月6日
147	何处是邢窑	河北省地质矿产局勘查处高级工程师:程在廉整理	《河北陶瓷》	1984年1期第35页
148	邢州归来——古陶瓷考查实录之一	中央工艺美术学院:王舒冰	《河北陶瓷》	1984年2期
149	内丘临城发现唐代邢瓷产地	新华社	《人民日报》	1986年10月25日1版
150	邢窑瓷器研究仿制成功	赵鸿声	《河北陶瓷》	1987年2期第5页
151	有益的启示——谈邢瓷仿制	李知宴	《河北陶瓷》	1987年3期第27页
152	三国两晋南北朝制瓷工艺新探	中国艺术研究院美术研究所:李纪贤	《美术史论》	1990年1月
153	近十年陶瓷考古主要收获与展望	冯先铭	台湾《中华文物学会》	1991年刊
154	故宫博物院藏邢窑定窑瓷器选介	故宫博物院:吕成龙	《文物春秋》"中国古陶瓷研究会1997年年会论文集"	1997年增刊总第38期第33～35页
155	两件精美的唐代执壶	河北省正定县文物保管所:王巧莲、刘友恒	《文物》	1998年5期第94～96页
156	河北内丘邢窑鉴定会纪要	内丘县人民政府	《内丘县文物志》孙建华主编,北京燕山出版社	1999年12月第29～30页
157	邢窑款识谈	河北省邢台市文联:姚卫国	《中国文化报》	2001年7月12日
158	频访河北三大名窑——驰誉中外的早期白瓷代表"邢窑"	清华大学美术学院教授:叶喆民	《中国文物报·收藏鉴赏周刊》	2001年8月29日
159	类银类雪的邢瓷	钱汉东	《新民晚报·古玩宝斋》	2002年2月25日第25版
160	中国古代白瓷国际学术研讨会漫记	西安市文物保护考古研究所:王长启	《收藏》	2003年3月总第123期第34～35页
161	"盈"字款邢窑白瓷枕	山西省长治市博物馆:崔利民	《中国文物报·鉴赏交流》	2003年3月12日第8版
162	内丘发现邢窑窑群	记者高志顺、实习生王旭波	《河北日报》	2003年7月29日1版

序号	名称	作者单位与姓名	出版刊物名称	刊出时间
163	最早"官"字款瓷器出土	新华社石家庄8月4日电，记者王文化	《人民日报》	2003年8月5日 5版
164	邢窑又有重大发现——内丘出土邢窑窑群	邢台日报记者：孙创宇、刘伟	《邢台日报》	2003年8月5日 1版
165	中国邢窑考古又有新发现——河北内丘发现邢窑窑 群遗址首次出土"官"字款瓷器	新华社石家庄8月3日电，记者王文化	《牛城晚报》	2003年8月5日 3版
166	邢窑遗址考古发掘有重要发现	河北省文研所：王会民、樊书海	《中国文物报》	2003年10月29日 1版
167	邢窑白瓷：标记款款贯古今	邢台市文联：姚卫国	《牛城晚报》	2004年1月31日 2版
168	邢窑的吉光片羽	刘学斤	《燕赵都市报》	2004年3月18日
169	考古发掘揭开了邢窑千古谜团	河北省内丘县文联：韩秋长	"河北省文联在邯郸举办的第六届海峡两岸民间文化学术研讨会"(据内丘《中华瑰宝—邢州窑》)	2004年7月
170	邢州瓷窑	河北省内丘县：张振雄	《牛城晚报》	2004年7月27日 15版
171	"盈字款瓷器出土兼述"及邢窑研究	邢台市文管处：李军	《牛城晚报》	2004年8月10日
172	唐宋人形壶与陆羽·唐代邢窑的白瓷茶具和瓷人像	刘毅	《中国收藏》	2005年2月 总第50期 第48～50页
173	历代外销瓷(上)二、外销瓷的主要品种·白瓷	刘伟	《收藏家》	2006年5期 总115期 第21～28页
174	白如凝脂　类银类雪	邢台市文联：姚卫国	《美术报》	2006年7月8日 24版

(五)有关著作

序号	书名	作者单位与姓名	出版社名称	出版时间
175	支那陶磁全书·第四编唐时代	日本：大西林五郎	东京松山堂书店	1917年
176	福斯塔特发掘	阿里·巴哈格特,贝也特·阿尔贝特·加布里(武素敏译)	巴黎	1921年
177	萨马腊发掘	弗里德里彻·沙列(武素敏译)	柏林	1925年
178	古今中外陶瓷汇编·清朝瓷器·临城窑	叶麟趾	文奎堂印行	1934年
179	中国陶瓷史·第七章	吴仁敬、辛安潮	商务印书馆	1936年
180	陶说·卷二	朱琰	《美术丛刊》上海神洲国光社	1936年

序号	书名	作者单位与姓名	出版社名称	出版时间
181	支那陶瓷器史·第六章唐代陶瓷的时代状况	日本:渡边素舟	东京成光馆书店	1939年
182	中国古陶瓷科学浅说·古陶瓷的烧成与分类	叶喆民	轻工业出版社	1960年初版1982年1月再版修订
183	中国陶瓷史	中国硅酸盐学会主编	文物出版社	1982年9月第一版第202~204页;1997年第三次印刷第203~204页;2004年第四次印刷第193~194页
184	中国陶瓷·五隋、唐、五代陶瓷·3唐代邢窑白瓷和其它地区的白瓷	华石编	文物出版社	1985年10月第98~99页
185	汉唐陶瓷大全——中国陶瓷大系之三·第五章唐、五代白瓷第一节河北的白瓷诸窑·邢窑	台湾:艺术家工具书编委会主编,何政广、许礼平策划	台湾艺术家出版社	1987年1月初版2002年2月五版第52~54页
186	中国古陶瓷论文集·三古窑论述·26谈邢窑有关诸问题	冯先铭	紫禁城出版社、两木出版社	1987年7月第1版第185~191页
187	中国美术辞典·邢窑		上海辞书出版社	1987年第286页
188	陶磁贸易史研究(下)	日本学者:三上次男	日本中央公论美术出版社	1988年第47页
189	中国古外销瓷研究论文集·唐代陶瓷的对外输出	叶文程	紫禁城出版社	1988年第16~17页
190	中国陶瓷史纲要·第八章·唐代白瓷	中央工艺美术学院教授:叶喆民	轻工业出版社	1989年第88~89页
191	中国陶瓷美术史·第三章·隋唐白瓷	熊寥	紫禁城出版社	1993年8月第179~186页
192	古瓷鉴定指南·三编·瓷史	清·黄矞	北京燕山出版社	1993年第103页
193	中国文物精华大辞典·陶瓷卷·名词解释	国家文物局主编,陶瓷卷主编:耿宝昌	上海辞书出版社、商务印书馆(香港)有限公司	1995年8月第1版1997年第3次印刷第448页
194	文物鉴定与辨伪实用手册·历代白釉瓷器·唐代邢窑白釉瓷器	秦晴等著	上海人民出版社	1996年
195	中国收藏小百科·白瓷	南京博物馆征集鉴定部副研究员:程晓中	山东科学技术出版社	1997年5月
196	白瓷·唐代白瓷·邢窑章节	刘敕	山东科学技术出版社	1997年第25~29页

序号	书名	作者单位与姓名	出版社名称	出版时间
197	中国古陶瓷图典·白瓷·唐代白瓷·白釉·邢窑·"盈"字与"翰林"款	《中国古陶瓷图典》编辑委员会编,主编:冯先铭,副主编:耿宝昌、杨根	文物出版社	1998年1月第1版、2002年8月第2次印刷 第53页、第102页、第193页、第284页、第359页
198	唐宋白瓷·陶瓷珍赏	中央艺术研究院美术研究所:李纪贤	上海美术出版社	1999年
199	陶瓷·史前至五代·第三节邢窑和曲阳窑瓷器	李知宴	台湾台北市:幼狮文化事业公司	2000年3月初版 第197~198页
200	中国瓷器鉴定基础·第四章第二节、第三节·第九章第二节1、河北邢窑7、邢、定二窑的区别	李辉柄	紫禁城出版社	2001年8月 第45~49页、第116~118页、第128页
201	晋唐瓷器——故宫博物院藏文物珍品大系	主编:李辉柄,副主编:王建华	上海科学技术出版社	2002年12月 第92~103页
202	隋唐宋元陶瓷通论·第二章博大精深的唐代陶瓷·第三节类雪类银的邢窑白瓷	叶喆民	紫禁城出版社	2003年2月 第57~64页
203	中国古陶瓷·隋、唐、五代瓷器·邢窑为代表的唐、五代白瓷	陈文平	上海辞书出版社	2003年 第38~39页
204	邢台通史下卷·第十四章·邢州白瓷	赵福寿	河北人民出版社	2003年 第48~62页
205	老古董丛书·陶瓷发展的历史和辨伪·第八章第九节邢窑瓷器	李知宴	华龄出版社	2004年5月 第182~184页
206	中国工艺美术史·第七章隋唐工艺美术·第二节陶瓷工艺二、唐代的陶瓷2、白瓷(邢窑)	田自秉	东方出版中心(上海)	2004年11月 第192页
207	中国陶瓷史·第三节·唐、五代的白瓷1、河北白瓷诸窑·邢窑	中国硅酸盐学会编,冯先铭、安志敏、安舍槐、朱伯谦、汪庆正主编	文物出版社	2004年 第203~204页
208	邢台粮库遗址	河北省邢台市文物管理处:李恩玮、石从枝、李军主编	科学出版社	2005年8月
209	中国陶瓷史·第六章第二节三、河北邢窑·第七章第二节一、北方白瓷的代表—邢窑·第五节二、邢窑、定窑白瓷	叶喆民	生活·读书·新知三联书店	2006年1月 第124~125页、第174~181页、第218页

序号	书名	作者单位与姓名	出版社名称	出版时间
210	《中国古代窑址标本》卷二·河北卷·邢窑	故宫博物院编，冯先铭、李辉柄主编	紫禁城出版社	2006年5月 第148～177页
211	邢台隋代邢窑	河北省邢台市文物管理处：石从枝、李军、李恩玮、王睿主编	科学出版社	2006年7月

后 记

Postscript

　　邢台，历史悠久，堪为古都。从夏禹贡冀州辖至今已有3500年历史，数次立国定都，长期称郡、州、府、道，可谓物华天宝，人杰地灵。这华、这宝、这杰、这灵，何以见的？在人类发展史上绝无仅有的邢州白瓷的发明创造便可证之。

　　中国、瓷器—China，当这些中外词汇自然而然连在一起的时候，你就会感悟邢州白瓷在中国历史乃至世界历史上的文化地位。邢州白瓷实乃开亘古之先河，冠列国而独秀。举世公认的邢州瓷窑，盛产了众多的文化珍品，在陶瓷史上谱写了光辉的篇章。

　　邢窑于北朝初露端倪，成功于隋，盛兴于唐，逐步衰退于宋金元，不但开创了我国白瓷生产的先河，而且在陶瓷领域占有重要地位。"内丘白瓷瓯……天下无贵贱通用之"。而且是最早烧造贡瓷的窑场之一，它奠定了世称唐代瓷器生产"南青北白"的时代格局，成为白瓷的烧造中心和外销瓷基地。由于邢州窑是当时新兴白瓷的中心和典范，故邢州被称为北方"瓷都"。

　　"人心之动，物使之然也"。邢州瓷窑、邢州白瓷是作者的至尊、挚爱，共同的志趣使我与志忠成为至交。我们总是想着在挖掘、收藏、整理、研究这份文化遗产上多做点工作，这种念想以至成为我们的一个梦。于是，我们合作编辑了邢窑的第一部专著《千年邢窑》。所谓"千年"就是指一千年以前的盛唐名窑瓷器。我们二人中，一人长期爱好邢窑、研究邢瓷，凡涉及邢窑的"蛛丝马迹"，无论是在中国还是在国外都从不放过，数年下来收获不小。一人长期在文博行业基层工作，且身处邢窑故乡，二十多年来亲自参与了邢窑遗址和隋唐宋墓的发掘工作，积累了大量资料，发表了数篇邢窑发掘报告和研究论文，特别是经过精心研制使邢窑产品再现于世，受到了学术界广泛好评和认可，被誉为是"经验丰富的精通邢窑的专家"。我们合作研究邢窑，虽不敢说是珠联璧合，的确可以说是人同此心，心同此理。

　　《千年邢窑》一书，主要收录了国内博物馆（院、处、所），国外部分博物馆，以及民间收藏的邢窑文物精品近300件，窑址或墓葬残器及标本资料百余件，较全面系统地阐述了邢瓷从北朝经隋唐五代到宋金元时期近千年来产生与发展的历史过程，是一部融历史、文化、史料、鉴赏、趣味为一体的开创性图书。我们认为这部书对研究邢历史、探讨邢遗产、弘扬邢文化具有一定的价值。相信它的出版发行对人们深刻认识鉴别邢窑产品，强化对邢窑窑址的保护、发掘、宣传和对邢窑及产品的深入研究，以及筹建邢州瓷窑博物馆、申报国家级历史文化名城、世界文化遗产名录，会起到积极的推动作用。

　　此书的出版得到了邢台市委、人大、政府、政协和临城、内丘县委政府及有关职能部门的重视和鼓励。编辑过程中，故宫博物院、中国国家博物馆、北京大学考古文博学院，河北省文物局、文物研究所、博物馆，邢台市文物管理处、衡水市文物管理处，临城、内丘、正定县文物保管所给予了极大的支持。作者数次赴故宫博物院、中国国家博物馆和河北、陕西、上海、天津、河南省市博物馆、文研所，西安、扬州、临安、徐州、淮北、洛阳、长治等博物馆、文研所，竭尽全力搜集资料，得到了他们的友情协助。邢台、石家庄、邯郸、北京、西安等地的邢瓷收藏爱好者给予了热情帮助。同时十分荣幸地得到了故宫博物院耿宝昌先生的多次赐教指导，当得知编著邢窑图书后，又在2006年9月同吕成龙、冯小琦等一起亲临邢台现场考察窑址及研究近年来出土的器物和标本，并为本书题词。特别是河北师范大学杨文山先生，从20世纪50年代就开始了邢窑窑址的探寻、研究和产品仿制工作，对邢窑窑址的发现和邢窑产品的研究做出了重大贡献。这次又撰写《历史文献中有关邢窑的记载》、与志忠合撰《邢窑大事记》，并积极参与审稿。河北省文物局张立柱先生、穆青先生、省博物馆李建丽先生、省文物研究所王会民先生多次指导，河北省博物馆张慧 摄影师不辞辛苦完成了大量拍摄工作。很多友人给予了资助，文物出版社也鼎力相助。至此才有付梓出版的机会，谨此一并深表谢意。

　　本书由于编写只有一年的时间，加之手头资料匮乏和收集难度大，尽管编著者颇费心思，终归水平有限，尤其是对邢窑文化的研究还属于初始阶段，肯定会有不当和疏漏之处，错误在所难免。敬请专家学者及社会各界指正赐教。

赵庆钢

2007 年 3 月

责任编辑：段书安
　　　　　王　伟
装帧设计：张希广
　　　　　赵庆钢
英文翻译：黄义军
责任印制：王少华

图书在版编目（CIP）数据

　　千年邢窑／赵庆钢　张志忠主编．－北京：文物出版社，2007.10

　　ISBN 978-7-5010-2051-5

　　Ⅰ.千　Ⅱ.①赵…②张…　Ⅲ.瓷器（考古）－河北省－图集　Ⅳ.K876.32

　　中国版本图书馆 CIP 数据核字（2007）第 004708 号

千 年 邢 窑

主　　编：赵庆钢　张志忠
出版发行：文物出版社
地　　址：北京东直门内北小街 2 号楼
邮　　编：100007
经　　销：新华书店
制版印刷：北京画中画印刷有限公司
开　　本：889 × 1194 毫米　1/16
印　　张：19.25
版　　次：2007 年 10 月第 1 版第 1 次印刷
书　　号：ISBN 978-7-5010-2051-5
定　　价：320.00 元